EL GRAN LIBRO DE LOS DINOSAURIOS

LIBSA

© 2025, Editorial LIBSA
C/ Puerto de Navacerrada, 88
28935 Móstoles (Madrid)
Tel.: (34) 91 657 25 80
e-mail: libsa@libsa.es
www.libsa.es

Textos: Adrián Páramo Blázquez
Ilustración: Carlos de Miguel Chaves
Imágenes: Archivo editorial Libsa, Shutterstock images

ISBN: 978-84-662-4060-4

Queda prohibida, salvo excepción prevista en la ley, cualquier forma de reproducción, distribución, comunicación pública y transformación de esta obra sin contar con autorización de los titulares de la propiedad intelectual. La infracción de los derechos mencionados puede ser constitutiva de delito contra la propiedad intelectual (arts. 270 y ss. del Código Penal). El Centro Español de Derechos Reprográficos vela por el respeto de los citados derechos.

DL: M-14465-2021

CONTENIDO

Un planeta cambiante . 3	Giganotosaurus. 68
Peteinosaurus. 8	Spinosaurus 70
Coelophysis. 10	Diamantinasaurus. 72
Plateosaurus 12	Talarurus 74
Cryolophosaurus. 14	Citipati 76
Dilophosaurus. 16	Einiosaurus 78
Dimorphodon 18	Albertaceratops. 80
Pterodactylus. 20	Ampelosaurus. 82
Allosaurus 22	Antarctosaurus 84
Apatosaurus 24	Centrosaurus. 86
Archaeopteryx. 26	Elasmosaurus 88
Brachiosaurus 28	Gigantoraptor 90
Camarasaurus. 30	Parasaurolophus. 92
Ceratosaurus. 32	Pteranodon 94
Compsognathus 34	Styracosaurus 96
Diplodocus 36	Euoplocephalus 98
Ornitholestes. 38	Velociraptor. 100
Pliosaurus 40	Ankylosaurus. 102
Stegosaurus 42	Carnotaurus. 104
Pelecanimimus. 44	Edmontosaurus. 106
Utahraptor. 46	Majungasaurus 108
Caudipteryx. 48	Mononykus 110
Dilong 50	Mosasaurus. 112
Ichthyovenator 52	Pachycephalosaurus. . . 114
Anhanguera. 54	Pachyrhinosaurus 116
Iguanodon. 56	Quetzalcoatlus 118
Psittacosaurus. 58	Tarbosaurus 120
Deinonychus. 60	Tiranosaurio 122
Hypsilophodon. 62	Torosaurus 124
Sauropelta. 64	Triceratops. 126
Suchomimus. 66	Índice 128

Un planeta cambiante

El planeta Tierra que habitamos ha cumplido ya 4 500 millones de años. La vida apareció hace 3 700 millones de años: lo primero que surgió fueron pequeñas células y bacterias en los vastos océanos de un planeta aún bastante cálido tras su formación.

La Tierra aún hoy en día conserva parte del calor de su formación, por lo que se mantiene bastante activa. Esta actividad causada por su interior fundido en constante movimiento se traduce en cambios en sus partes más externas, como la **corteza**: ¡los continentes se desplazan, gigantescas cadenas montañosas se elevan o placas tectónicas enteras desaparecen unas debajo de otras! Pero estos cambios son tan lentos que los humanos solo podemos percibir algunos de sus efectos más inmediatos: terremotos y temblores de tierra, desprendimientos de roca o la erupción de volcanes, que arrasan laderas enteras o crean nuevas islas en mitad del océano.

ERAS GEOLÓGICAS

HACE MILLONES DE AÑOS

ERA		PERIODO	FORMAS DE VIDA
CENOZOICO	2,6	CUATERNARIO	
	2,3	NEÓGENO	
	66	PALEÓGENO	
MESOZOICO	145	CRETÁCICO	
	200	JURÁSICO	
	252	TRIÁSICO	
PALEOZOICO	300	PÉRMICO	
	360	CARBONÍFERO	
	420	DEVÓNICO	
	443	SILÚRICO	
	485	ORDOVÍCICO	
	544	CÁMBRICO	
	4,6	PRECÁMBRICO	

billones de años

Las eras geológicas

Para comprender algunos de estos cambios, era necesario diferenciar distintos momentos y periodos de la historia de nuestro planeta.

De ahí que la historia de la Tierra se haya dividido en **eras geológicas**, de las que tenemos testigos en forma de rocas. Y además, para hacer más sencillo el estudio o referirse al tiempo en que la corteza terrestre tenía un aspecto determinado, o la época en la que vivieron tales o cuales animales, se han hecho divisiones más pequeñas. De esta manera, cada era geológica se divide a su vez en **periodos**.

Por ejemplo, nosotros vivimos en el periodo Cuaternario, que comprende los últimos ultimísimos millones de años de la era Cenozoica.

Ahora que ya tenemos un pequeño «calendario» geológico con el que guiarnos por la extensa historia de nuestro planeta, podemos empezar a observar de qué manera se mueven los continentes, como decíamos anteriormente.

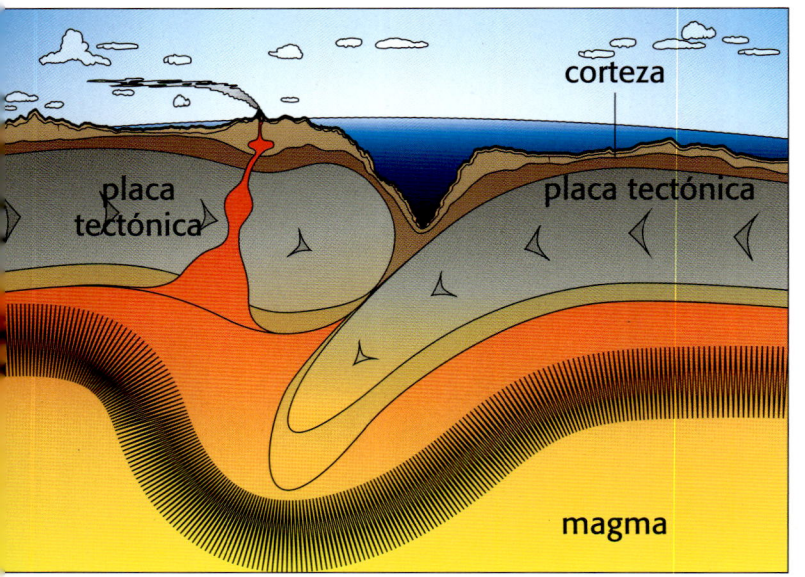

La deriva continental

La **corteza** de nuestro planeta es su capa más superficial y son apenas unos pocos kilómetros de roca sobre los océanos de magma en movimiento del **manto**, una de las partes fundidas de su interior. La corteza se divide en **placas tectónicas** que están en movimiento por la fuerza de las corrientes del magma que está a kilómetros de profundidad. ¡Estas placas pueden tardar periodos enteros de decenas a cientos de millones de años en unirse o dividirse entre sí! Gracias a nuestro «calendario» de las eras geológicas podemos guiarnos más fácilmente.

Pangea

Nuestro planeta tiene el aspecto actual, con los continentes en el sitio que ves en un mapa, ¡solo desde los últimos 70 millones de años! Si viajásemos al pasado con una máquina del tiempo, parecería que estamos en un planeta alienígena, con los continentes con una forma muy distinta de la actual, ¡al igual que sus formas de vida!

Desde la aparición de la vida en la Tierra, no solo hemos tenido bacterias, gigantescos peces de varias toneladas, insectos gigantes, o incluso unos animales con aspecto de reptil de varios metros de longitud y dientes inmensos, patas y cuellos largos o cuernos sobre su cabeza… Además, debido al movimiento de las placas tectónicas, más de una vez todas las masas continentales han estado unidas en un solo supercontinente rodeadas por un único océano gigantesco. Al último supercontinente conocido lo llamamos **Pangea**, y resistió varios cientos de millones de años hasta que empezó a separarse en los continentes que conocemos hoy en día.

PANGEA

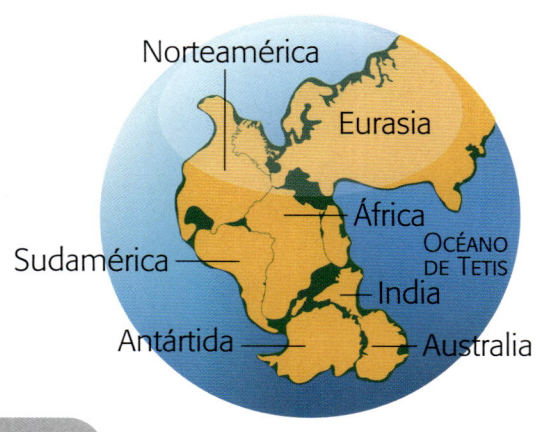

LAURASIA Y GONDWANA

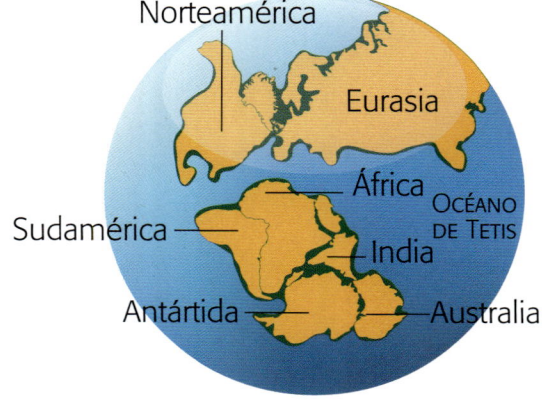

MUNDO ACTUAL

El final de este supercontinente comenzó en el periodo Triásico, al inicio de la era Mesozoica, hace 250 millones de años. **Pangea** se rompió durante el Jurásico, hace 201 millones de años, dando lugar a dos grandes masas continentales, **Laurasia** al norte y **Gondwana** al sur. Los océanos de hoy aparecieron por la ruptura de estas dos grandes masas y se empezaron a formar los continentes actuales, durante el Cretácico, que va desde los 145 a los 66 millones de años. ¿Te suenan la era Mesozoica y estos periodos...?

Si de nuevo viajásemos con nuestra máquina del tiempo a los últimos momentos de este supercontinente, nos encontraríamos un planeta peculiar:

- Los suelos no estarían cubiertos de hierba y flores, pues estas plantas aparecen mucho después, en el Cretácico. En su lugar encontraríamos helechos bajos y una variedad enorme de árboles, desde ginkgos a coníferas.
- Notaríamos también algo más de calor: ¡la atmósfera era más cálida! Y la vida también estaría adaptada a esta circunstancia.
- Al levantar la vista al cielo, no veríamos aves volando, sino ¡reptiles voladores!
- Y aún no encontraríamos mamíferos como los actuales: ¡no aparecen hasta el periodo Jurásico, y del tamaño de pequeños ratones modernos!

¿Hemos mencionado las aves? Sí, pero había otros parientes dominando los ecosistemas. Ah, sí, ya recordamos: la era Mesozoica se conoce por…

EL REINADO DE LOS DINOSAURIOS

En este planeta cálido con casi todas sus masas terrestres unidas en un único continente, la vida se recuperaba de una extinción masiva que había acabado con casi todas las especies, antes del inicio de la era Mesozoica. Tras un terrible calentamiento global causado en pocos millones de años por la actividad volcánica, ¡un grupo de «reptiles» se hicieron con el dominio del mundo!

Los dinosaurios han sido unos animales fascinantes desde su descubrimiento hace siglo y medio. Sus gigantescos huesos y aspecto de lagartos terribles ha llamado la atención de científicos y el público, ¡pero no solo han sido gigantes de varias toneladas!

Literalmente llegaron a conquistar tierra, agua y aire. Bueno, el agua se les resistió un poco, y parece que solo ocuparon los ríos y aguas poco profundas. No pudieron competir contra los reptiles marinos, que también veremos en este libro. Pero el aire sí consiguieron conquistarlo, ¡y hoy sabemos que tuvieron un gran éxito!

Estos seres habitaron el planeta Tierra durante casi todo el Mesozoico, momento en que casi todos desaparecen, al igual que otros animales que convivieron con ellos. Se les conoce por su clasificación en distintas familias, desde sus parientes más lejanos a sus descendientes.

También existían reptiles marinos o voladores (¡pero no son dinosaurios!), que formaron sus propias familias.

Los dinosaurios coexistieron con estas criaturas que, aunque diversas, no consiguieron dominar los ecosistemas y algunas desaparecieron; ¡afortunadamente, nosotros, los mamíferos, sobrevivimos!

Por desgracia, o por suerte a quienes os guste nadar en la playa, ¡el gigantesco depredador marino *Mosasaurus* o sus parientes no consiguieron sobrevivir!

ORNITISQUIOS
cadera de ave

SAURISQUIOS
cadera de lagarto

Clasificación de los dinosaurios

Los primeros dinosaurios aparecieron a mediados del Triásico, divididos en dos grandes familias:

- Por un lado, los **ornitisquios**, «lagartos con cadera de ave», por la forma y orientación de los huesos de su cadera. Eran principalmente animales herbívoros, llegaron a tener todos los tamaños imaginables, ¡y eran extremadamente diversos!: animales que caminaban a cuatro o a dos patas, con cuernos, con «escudos», con crestas llamativas… Desde el diminuto *Hypsilophodon* ¡hasta el gigantesco *Triceratops* o el *Shantungosaurus*, más grandes que una furgoneta!

- El otro gran grupo de dinosaurios son los **saurisquios**, o «con cadera de lagarto»; divididos a su vez en **saurópodos** y **terópodos**.

    Los **saurópodos** eran los gigantescos cuadrúpedos con cuerpo de tonel, cuello y cola largas como el *Diplodocus*. Por suerte, todos herbívoros; ¡porque el más pequeño de esta familia, como por ejemplo el *Lirainosaurus*, era más grande que un elefante!

    La otra familia de saurisquios famosa son los **terópodos**… Y alguno ya estaréis pensando en garras terribles y dientes afilados de varios centímetros. ¡Pero no solo eso! Los terópodos son un grupo de dinosaurios

que caminaban a dos patas, y aunque la mayoría fueron despiadados depredadores, ¡también los hubo omnívoros! Como el *Pelecanimimus*, que se alimentaba de insectos, pequeños sapos, y tal vez plantas. O el *Citipati*, que comía frutos. Y hablando de comer frutos, a algunos terópodos les ha encantado desde siempre comerlos, como por ejemplo los pavos que recolectan bayas.

Espera un momento: ¿los pavos? ¡Claro!, y los faisanes, y las perdices…

¡Es que **no todos** los dinosaurios perecieron en la extinción del Cretácico! Las aves, tal y como las conocemos hoy en día, pertenecerían a la familia de los terópodos. Son sus parientes más «jóvenes», aparecieron en el Jurásico y ¡conquistaron los cielos en poco tiempo!

Sí es verdad que casi todos los dinosaurios se extinguieron y no volvió a existir ninguno de tamaño gigantesco. Casi todos desaparecieron… salvo los pájaros. Hoy en día puedes ver los casuarios o emús: ¡aunque siguen viéndose imponentes, ya no son terribles depredadores de varias toneladas! En cambio, todos los ornitisquios, los saurópodos y todos los terópodos que no eran aves, perecieron junto con los reptiles marinos y reptiles voladores hace 66 millones de años, cuando un meteorito de varios kilómetros impactó contra nuestro planeta, en la región del Yucatán, México en la actualidad.

¡Gracias a los fósiles podemos echar un vistazo a estos animales impresionantes, así que acompáñanos en estas páginas para conocerlos un poco más! Los encontrarás en **orden cronológico**, desde los primeros lagartos voladores como el *Peteinosaurus* hasta los últimos dinosaurios sobre la faz de la Tierra, como el *Triceratops*.

PETEINOSAURUS
PEQUEÑO LAGARTO VOLADOR

▸ Al contrario que otras especies posteriores de su familia, el *Peteinosaurus* tenía unas alas muy cortas.

▾ El diseño de esta larga cola en forma de remo sería el mismo que el timón para maniobrar rápidamente en pleno vuelo.

DINODATOS

- **Vivió hace…** 221 a 210 millones de años, en el periodo Triásico.
- **Tamaño:** 60 cm de envergadura alar.
- **Peso:** 100 g como máximo.
- **Dieta:** insectos, como libélulas gigantes.
- **Significado del nombre:** lagarto alado.

▴ El *Peteinosaurus* era diminuto en comparación con otros reptiles voladores o dinosaurios con los que convivía; por eso su dieta era insectívora.

Los cielos del Triásico en la Europa occidental serían el escenario de un curioso espectáculo: ¡cielos surcados por estos pequeños pájaros-lagarto de larga cola!

EXPERTO PILOTO

El *Peteinosaurus* era capaz de maniobrar con facilidad, aunque sus alas eran dos veces tan largas como su cuerpo, al contrario que otros parientes voladores, que suelen tenerlas en torno a tres veces tan largas como su cuerpo.

Su envergadura alar no les supondría problemas: ¡se lanzaban y planeaban desde los árboles!, cayendo velozmente sobre sus presas, fijadas por su vista excepcional.

¿Sabías que su ala membranosa parte de un dedo meñique larguísimo?

▼ La cabeza de este diminuto depredador alado era tan pequeña como un dedal.

◄ Su pequeña cabeza tenía unos ojos penetrantes, y su boca unos dientes cónicos afilados para cazar a sus presas.

◄ Al igual que algunos murciélagos actuales, sus patas traseras no tenían membranas entre ellas para poder atrapar presas o agarrarse mejor.

Los paleontólogos han encontrado fósiles de *Peteinosaurus* perfectamente preservados en calizas de los Alpes italianos. Al haberse conservado no solo sus frágiles y ligeros huesos, sino también la impresión de sus membranas, hoy podemos saber que era un excelente volador.

No solo sería capaz de planear, sino que tendría un estilo de vuelo similar al de los pájaros actuales.

Coelophysis
Agilidad y rapidez

LIGERO Y LISTO

El *Coelophysis* tenía gran parte de su esqueleto hueco y ligero, con patas delgadas pero fuertes. Esto le permitía ser un buen corredor y a la vez atrapar con facilidad a sus presas.

Antiguamente se pensaba que llegaba a comerse a otros de su misma especie, pero hoy sabemos que formaba grupos para cazar con mayor facilidad presas más grandes y que los restos encontrados en su estómago eran de cocodrilos y lagartos de pequeño tamaño.

Su cuello largo le permitiría atrapar presas escurridizas con gran agilidad.

▲ Su cola era inusualmente larga: ¡llegaba a alcanzar la mitad de su longitud! La utilizaría como un timón, permitiéndole seguir a su presa como una flecha o girar fácilmente todo su cuerpo a la carrera.

▶ Sus patas traseras eran delgadas, pero perfectas para correr: ¡como las de un avestruz!

DINODATOS
- **Vivió hace…** de 203 a 199 millones de años, en el periodo Triásico.
- **Tamaño:** 3 m de longitud y 1,50 m de altura.
- **Peso:** 28 kg.
- **Dieta:** reptiles, anfibios e insectos voladores.
- **Significado del nombre:** forma hueca.

¡UN DINOSAURIO EN EL ESPACIO!

En 1998 un cráneo fósil de un *Coelophysis* viajó en el transbordador Endeavour entre los objetos que llevó la tripulación. Así que podría ser el primer «astronauta» de hace más de 280 millones de años que viajó alrededor de la Tierra.

Pese a ser «pequeño», no hay que olvidar que tenía casi el tamaño de una persona adulta. Y aunque pesase como un niño, su cuello largo y garras alargadas le permitían apresar fácilmente a otros animales, ¡sin contar sus afilados dientes!

▲ Docenas de dientes afilados en su alargada boca sería lo último que verían sus presas.

▲ ¡La unión hace la fuerza! Estos cazadores vivirían en grupo. Además, las crías crecerían casi tan rápido como un ave actual. En 2-3 años se convertirían en unas excelentes cazadoras.

NUEVO MÉXICO

▶ Tres garras alargadas en sus patas delanteras le permitirían atrapar o sujetar presas fácilmente.

El mayor yacimiento de *Coelophysis* conocido está en Ghost Ranch, Nuevo México, donde se han encontrado miles de huesos, docenas de ejemplares e incluso se han preservado crías de todos los tamaños, ¡algo muy poco habitual entre los dinosaurios!

PLATEOSAURUS

LOS PRIMEROS GRANDES HERBÍVOROS

Este antepasado de los saurópodos no tendría aún el característico cuerpo de cuatro patas robustas y cuerpo de tonel. En su lugar, hoy sabemos que caminaría a dos patas, ¡pero que la forma de su cabeza y patas delanteras no te engañen! Este animal se alimentaría solo de plantas.

Además, se ha encontrado en varios yacimientos de Europa, y no conocemos casi ningún otro gran herbívoro de ese tamaño. Por esto sería el único herbívoro de grandes dimensiones en el Triásico europeo.

DINODATOS

- **Vivió hace…** 228 a 199 millones de años, en el periodo Triásico.
- **Tamaño:** casi 10 m de longitud y 3 m de altura.
- **Peso:** 650-850 kg.
- **Dieta:** vegetación a ras de suelo o partes bajas de los árboles.
- **Significado del nombre:** lagarto ancho.

▲ Su cola larga le permitía balancearse e incluso es posible que la emplease como contrapeso a la carrera, ¡así podía huir si le atacaban por sorpresa!

▶ Sus patas delanteras, fuertes y robustas con garras, siempre han sido un enigma. ¿Le permitirían caminar a cuatro patas? ¿Agarrar la comida? Sabemos que es poco posible que lo hiciese, pero le permitirían levantarse del suelo, ¡ya que podían doblarse hacia atrás mucho más que tus muñecas!

UN «CUELLILARGO» A DOS PATAS

Durante el Triásico empiezan a aparecer los primeros grandes dinosaurios herbívoros que se alimentaban de la vegetación de los árboles. Este pariente de los saurópodos se parecería mucho más a los terópodos que a sus descendientes gigantescos de cuello y cola larga a cuatro patas.

Pese a ser uno de los dinosaurios triásicos mejor preservados con docenas de esqueletos completos, ha sido el que más preguntas ha generado a los científicos. Desde decidirse por su postura, a si andaba a cuatro patas o no, o a su manera de comer plantas.

Pese a que sus dientes son similares a los de una iguana, no trituraría muy bien las plantas. Así que los investigadores creen que, como muchos otros dinosaurios, especialmente de este periodo, tragaría piedras (conocidas como gastrolitos) para ayudarse a digerir su comida.

gastrolitos

▲ Su largo cuello le permitiría llegar a las ramas de árboles y aquella vegetación que otros dinosaurios herbívoros más pequeños no podrían alcanzar.

▲ Es posible que utilizase sus gigantescas garras como defensa, especialmente la más grande del pulgar.

▲ Su boca estaría repleta de dientes en forma de hoja o cuchara que le permitirían triturar la vegetación, pero no valían para desgarrar carne.

Durante el Jurásico nuestro planeta no solo tenía un aspecto distinto al de la actualidad, ¡también era relativamente más cálido!, con bosques en la Antártida, hoy cubierta por hielo. Y es en esos bosques en los que *Cryolophosaurus* acecharía en busca de sus presas.

COMUNICACIÓN

La cresta que tiene en la cabeza no es como los cuernos o crestas que lucen otros terópodos. En *Cryolophosaurus* está alineada en perpendicular, como una peineta sobre sus ojos.

Esta cresta podría haber tenido colores vistosos, utilizados para comunicarse con otros de su especie: por ejemplo, para que los machos alejasen a competidores y atrajesen a las hembras.

◀ Su cresta tenía forma de peineta y la recorrerían venas que podrían cambiar ligeramente su color según lo que quisiese expresar.

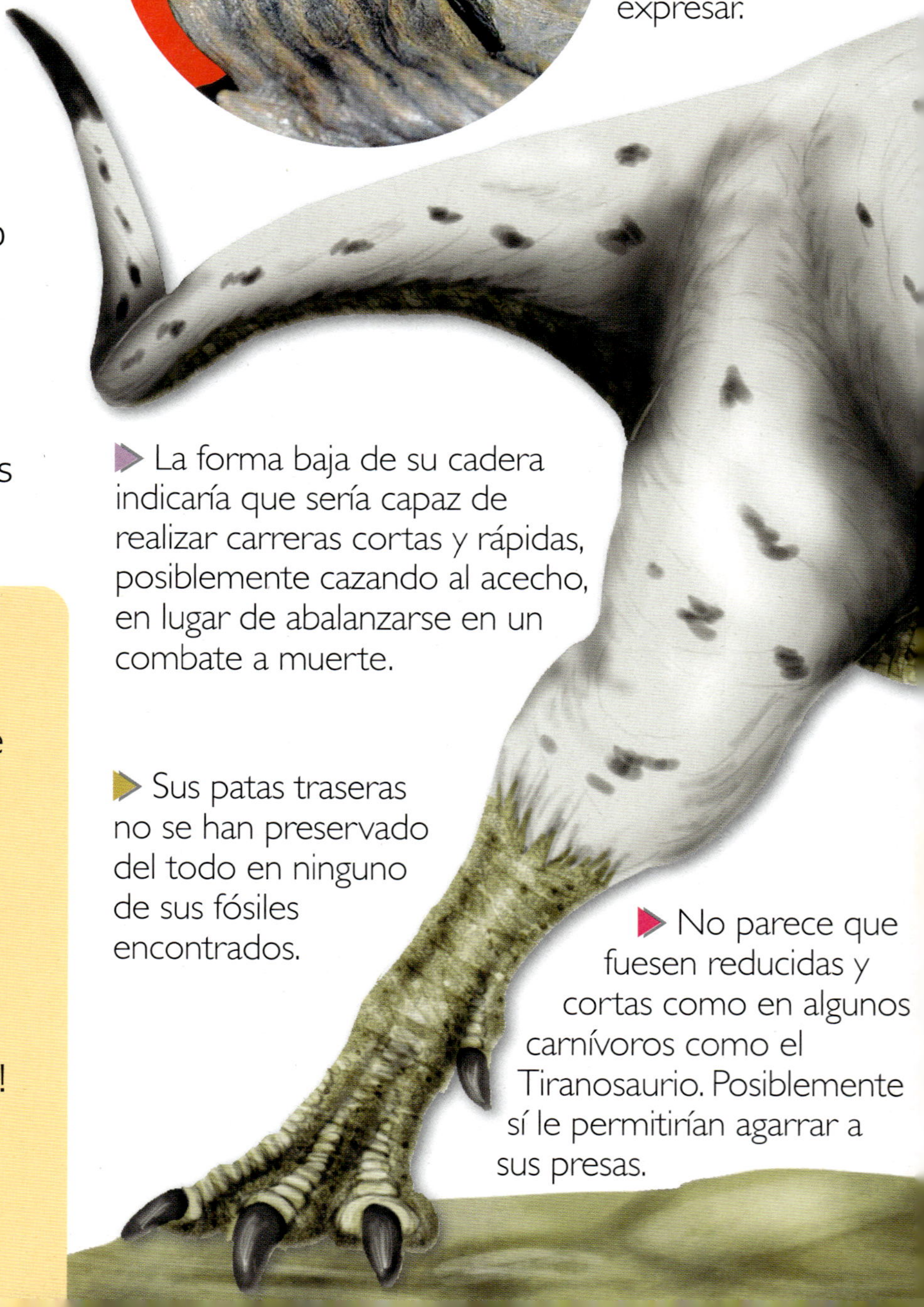

▶ La forma baja de su cadera indicaría que sería capaz de realizar carreras cortas y rápidas, posiblemente cazando al acecho, en lugar de abalanzarse en un combate a muerte.

▶ Sus patas traseras no se han preservado del todo en ninguno de sus fósiles encontrados.

▶ No parece que fuesen reducidas y cortas como en algunos carnívoros como el Tiranosaurio. Posiblemente sí le permitirían agarrar a sus presas.

DINODATOS

- **Vivió hace…** 199 a 183 millones de años en el periodo Jurásico.
- **Tamaño:** casi 7 m de longitud y 2,5 m de altura.
- **Peso:** 350 - 460 kg.
- **Dieta:** carne, desde parientes de saurópodos a pequeños mamíferos ¡o la carroña de otros de su especie!
- **Significado del nombre:** reptil de cresta congelada.

CRYOLOPHOSAURUS
CAZADOR ANTÁRTICO

▼ En su vientre han aparecido restos de pequeños mamíferos. Se han encontrado algunos dientes de ejemplares jóvenes ¡en el esqueleto de un adulto que se lo habría comido al encontrarlo muerto!

▲ Su cráneo era algo corto pero con mandíbulas fuertes. Poseía dientes curvos y afilados que serían reemplazados si se le caían.

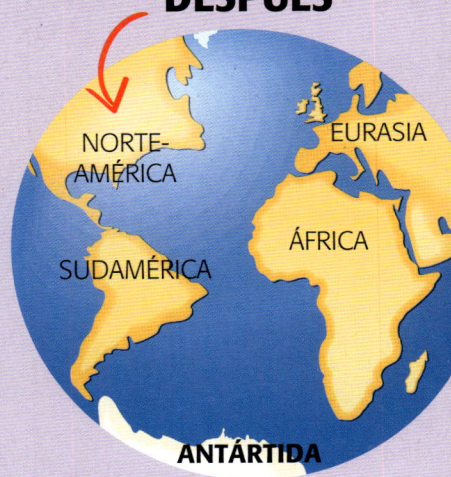

ANTES — NORTEAMÉRICA, EURASIA, ÁFRICA, SUDAMÉRICA, INDIA, AUSTRALIA, ANTÁRTIDA

DESPUÉS — NORTEAMÉRICA, EURASIA, ÁFRICA, SUDAMÉRICA, ANTÁRTIDA

EXPLORANDO LA ANTÁRTIDA

Aunque no es el primer dinosaurio descubierto en el continente congelado de la Antártida, sí es el primero descrito. La mayoría de campañas de excavación no se adentran tanto en este lugar inhóspito, pero una aventura a 650 km del polo sur permitió encontrar restos de varios dinosaurios y pterosaurios en el año 1990.

La región glaciar Beardmore presenta varias formaciones geológicas donde los restos paleontológicos y los sedimentos indican que en la época de Pangea estaría cubierta de bosques jurásicos no demasiado fríos a lo largo del año, donde habitaría este depredador acechante.

Este dinosaurio carnívoro poseía una cabeza característica, con dos crestas en la parte superior, y una pequeña curvatura sin dientes afilados casi en la punta de su mandíbula. Su frágil mandíbula ha fascinado a los científicos, puesto que es uno de los primeros terópodos de gran tamaño.

▽ Con sus patas traseras y larga cola podría lanzarse a la carrera tras pequeñas presas sin dejarles posibilidad de esconderse entre la vegetación.

▷ Su cuello era largo y fuerte. Pese a que su mandíbula era más frágil que la de otros de los primeros grandes terópodos, su cuello era fuerte y podía lanzar una dentellada rápida y precisa.

MANDÍBULA NO TAN FRÁGIL

Originalmente se pensaba que este terópodo sería incapaz de cazar debido a la fragilidad de la parte delantera de su mandíbula y sus delgados huesos. No obstante, hoy sabemos que su mandíbula sería más resistente de lo esperado y que podría ayudarse de sus patas delanteras para manipular los restos de grandes animales.

Es posible que este depredador se alimentase de pequeñas presas, peces del medio en que vivía, y tal vez carroña de otros dinosaurios de gran tamaño.

Dilophosaurus
un depredador con cresta

▶ Lo más probable es que los machos utilizaran las dos crestas sobre su hocico para intentar atraer a las hembras.

▲ Gracias a los restos que se preservan de su cráneo se ha podido reconstruir parte de su cerebro, ¡y tenía muy buen oído! Incluso mejor que otros grandes terópodos de su época.

▲ Sus patas delanteras eran bastante móviles y robustas, permitiéndole sujetar presas pequeñas o agarrar y arrancar pedazos de carne de presas más grandes que de otra manera no hubiera podido solo con su mandíbula.

DINODATOS

- **Vivió hace…** 200 a 199 millones de años en el periodo Jurásico.
- **Tamaño:** casi 7 m de longitud y 2 m de altura.
- **Peso:** 400 kg.
- **Dieta:** pequeños animales, peces y carroña principalmente.
- **Significado del nombre:** lagarto de dos crestas.

Pocas veces podemos asociar una huella de dinosaurio con la especie que la dejó, pero por suerte se han descubierto yacimientos con algunas de *Dilophosaurus* que indican un comportamiento muy parecido al de las aves actuales. Descansaría sobre sus patas traseras con la pelvis apoyada en el suelo como un pájaro.

Este pequeño reptil volador fue uno de los muchos descubrimientos de la buscadora de fósiles y primera mujer paleontóloga Mary Anning, en 1828. El *Dimorphodon* era el primer reptil volador encontrado fuera de Alemania en esa época.

▷ Su larga cola no tendría membrana, por lo que no la utilizaría a modo de «timón» como otros parientes suyos.

ACECHANTE AÉREO

Este reptil volador de esqueleto pesado y alas cortas no podría mantener un vuelo continuo como otros parientes suyos. Se serviría de vuelos cortos y rápidos para abalanzarse sobre sus pequeñas presas.

Unas mandíbulas capaces de comportarse como una pinza retendrían a la presa hasta acabar devorada.

▷ Sus patas traseras son más largas de lo habitual también, y se ha llegado a pensar que hubiera podido caminar a dos patas, como los dinosaurios bípedos, mientras estuviese en el suelo. No obstante, sabemos que iría a cuatro patas para correr o escalar con facilidad.

DINODATOS

- **Vivió hace…** 201 a 183 millones de años en el periodo Jurásico.
- **Tamaño:** 1 m de longitud y 1,5 m de envergadura alar.
- **Peso:** 2 kg.
- **Dieta:** insectos y pequeños animales.
- **Significado del nombre:** dientes de dos formas.

▷ Parte de la curiosa pata trasera de Dimorphodon era un quinto dedo, algo más corto y ligeramente separado del resto. Posiblemente lo utilizaría para trepar y lanzarse sobre presas.

Dimorphodon
Atrapando al vuelo

▶ Tenía un cuerpo pequeño que resalta con su enorme cabeza de pinza.

▼ Sus alas eran cortas para un vuelo mantenido. Al igual que otros reptiles voladores, mantendría algunos dedos libres sin garras para andar a cuatro patas por el suelo o agarrarse en ramas.

▼ Tenía un cráneo grande para su cuerpo, con una peculiar forma de «bóveda». La parte superior era muy curva y le daba ese aspecto como si tuviese una nariz gigante. Sería muy frágil para una dentellada capaz de penetrar y desgarrar carne, así que posiblemente la usaría como una pinza gigante.

▲ Su boca de pinza tenía dos tipos de dientes pequeños y afilados. Hacia la punta tenía media docena de dientes como colmillos, más alargados y visibles. Tras estos colmillos seguían hasta 40 pequeños y afilados dientes.

19

Imagina encontrarte con el esqueleto de un pequeño lagarto con unas patas delanteras casi tan largas como todo su cuerpo y un cuarto dedo alargadísimo. ¡Pues esa fue la sorpresa de los primeros científicos que lo encontraron preservado en roca en el yacimiento alemán de Solnhofen!

PESCADORES DIURNOS

Pasaron casi 15 años hasta que los primeros paleontólogos pensaron que a lo mejor lo que estaban viendo por primera vez era un ala membranosa como la de los murciélagos.

Gracias a que sus huesos se han preservado de manera excepcional en lo que se conoce como *calizas litográficas* y al análisis de su estructura interna, podemos saber que estarían activos durante el día. Su dieta se compondría principalmente de peces, y formaban colonias de individuos de la misma edad.

El análisis de su crecimiento y la estructura de sus huesos nos permiten saber que tendrían un crecimiento continuo y lento, más similar al de los cocodrilos que al de las aves.

Tendrían un saco gular bajo la mandíbula. Pero no es fácil decidir si este saco lo usarían para cazar y alimentarse como los pelícanos o para deslumbrar a las hembras, hinchándolo como hacen otros pájaros actuales.

DINODATOS

- **Vivió hace...** 151 a 149 millones de años, en el periodo Jurásico.
- **Tamaño:** 1,7 m de envergadura alar.
- **Peso:** hasta 4,5 kg.
- **Dieta:** peces y otros pequeños animales.
- **Significado del nombre:** dedo alado.

Pterodactylus
Pescador de altura

▶ La cabeza tendría una cresta de tejido blando que crecería con el individuo, inexistente entre los más jóvenes y visible desde los ojos a la parte posterior en los adultos. La usarían posiblemente para exhibirse.

▶ Su pico alargado albergaría 90 dientes de gran tamaño y forma cónica, que llegaban incluso a la punta de ambas mandíbulas y alcanzaban la parte posterior de la boca.

▶ La clave para su vuelo residía en esas extremidades anteriores más largas que las posteriores, terminadas en unas manos con un cuarto dedo hiperalargado. En total, su envergadura alar triplicaría su longitud corporal.

▶ También podían desplazarse andando. Sus patas traseras les permitirían un trote coordinado con sus manos, que tenían un dedo dirigido hacia la parte posterior al apoyarse.

▶ Su cuerpo estaría recubierto por picnofibras, parecido a pelo grueso. Posiblemente le protegían de la humedad cuando se lanzaba a pescar desde arriba.

▼ Entre sus patas traseras tendrían también membrana, que les permitiría planear o dirigir el vuelo como un timón.

ALLOSAURUS
SUPERDEPREDADOR JURÁSICO

GARRAS TERRIBLES

Allosaurus acecharía a sus presas para emboscarlas y lanzarse al ataque con su poderosa dentellada. Pero no era su único recurso: si eras su presa, ¡cuidado con esas manos! Disponía de tres dedos alargados terminados en garras de hasta 30 cm, curvadas y con una movilidad excepcional. Además, tendría unos dedos similares a los de parientes lejanos de la familia de los velociraptores.

Con ellas agarraría a su presa en una carrera corta y fugaz de la que no podría escapar.

garra de *Allosaurus*

▶ El estudio de sus restos ha permitido descubrir que las hembras presentaban una fusión especial entre algunos huesos de la cadera que les permitiría agacharse para colocar los huevos en el nido.

DINODATOS

- **Vivió hace…** 161 a 145 millones de años en el periodo Jurásico.
- **Tamaño:** casi 12 m de longitud y más de 5 m de altura.
- **Peso:** 1,5 toneladas.
- **Dieta:** carne, grandes herbívoros.
- **Significado del nombre:** lagarto extraño.

EXTENDIDO POR EL SUPERCONTINENTE

Ya hemos visto que, durante el Jurásico, tanto América del Norte como Europa estaban unidas en la Pangea, un supercontinente que abarcaba la mayoría de los continentes actuales. Por eso conocemos especies de *Allosaurus* que habitaban en lo que hoy serían zonas tan alejadas como Estados Unidos y Portugal. Es más: ¡se alimentarían de presas muy similares!

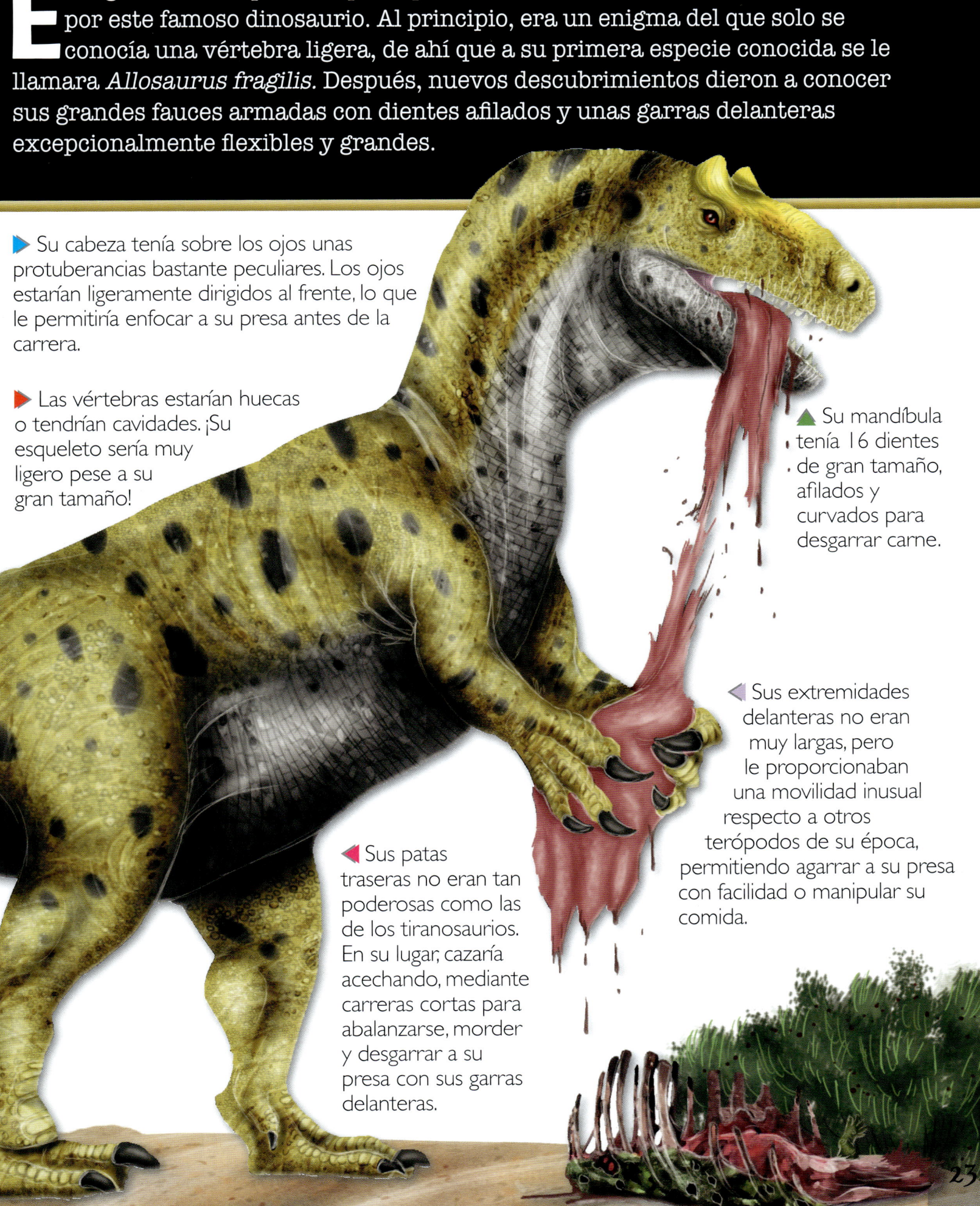

El auge de los terópodos superdepredadores está marcado, entre otros, por este famoso dinosaurio. Al principio, era un enigma del que solo se conocía una vértebra ligera, de ahí que a su primera especie conocida se le llamara *Allosaurus fragilis*. Después, nuevos descubrimientos dieron a conocer sus grandes fauces armadas con dientes afilados y unas garras delanteras excepcionalmente flexibles y grandes.

▶ Su cabeza tenía sobre los ojos unas protuberancias bastante peculiares. Los ojos estarían ligeramente dirigidos al frente, lo que le permitiría enfocar a su presa antes de la carrera.

▶ Las vértebras estarían huecas o tendrían cavidades. ¡Su esqueleto sería muy ligero pese a su gran tamaño!

▲ Su mandíbula tenía 16 dientes de gran tamaño, afilados y curvados para desgarrar carne.

◀ Sus extremidades delanteras no eran muy largas, pero le proporcionaban una movilidad inusual respecto a otros terópodos de su época, permitiendo agarrar a su presa con facilidad o manipular su comida.

◀ Sus patas traseras no eran tan poderosas como las de los tiranosaurios. En su lugar, cazaría acechando, mediante carreras cortas para abalanzarse, morder y desgarrar a su presa con sus garras delanteras.

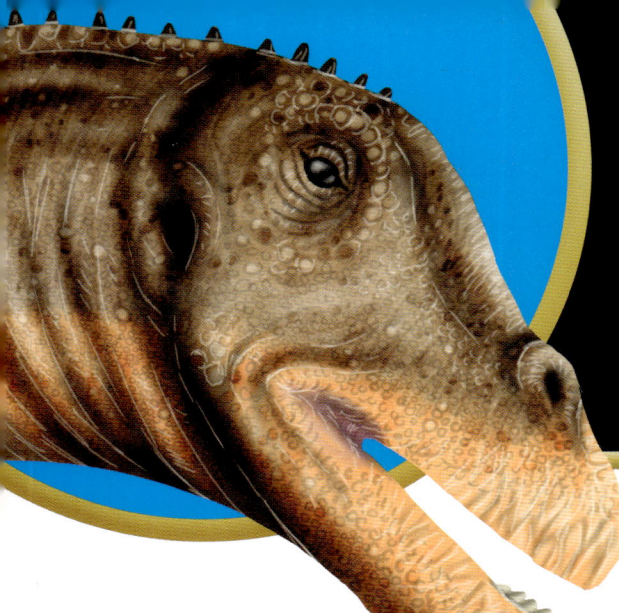

Con el tiempo *Apatosaurus* ha hecho honor a su significado de «reptil engañoso». Siempre se ha puesto en duda la existencia de dos tipos de especies hermanas, *Brontosaurus* y *Apatosaurus*; ¡pero es que también algunos de sus huesos se parecen a *Camarasaurus*! ¡Qué difícil distinguirlos en un yacimiento!

¡HA PERDIDO LA CABEZA!

Originalmente se pensaba que este saurópodo tenía una cabeza corta similar a su primo *Camarasaurus*, porque los científicos dudaban de si era suyo un cráneo encontrado en 1909. ¡Hasta 1970 no se aclaró el misterio! Entonces se demostró que una cabeza más robusta que había sido atribuida a *Diplodocus* era posiblemente de *Apatosaurus*.

Su cabeza sería más alargada que la de *Camarasaurus* y sus dientes serían también bastante distintos, a causa de una dieta de plantas más general.

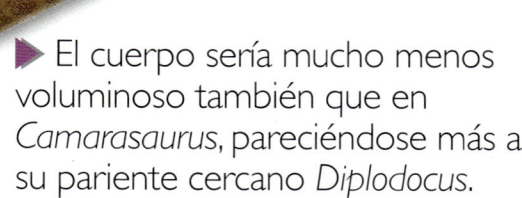

▶ El cuerpo sería mucho menos voluminoso también que en *Camarasaurus*, pareciéndose más a su pariente cercano *Diplodocus*.

▲ Poseía una cola larguísima y fuerte: ¿la utilizaría para defenderse utilizándola como látigo? Es una de las hipótesis que existen.

▶ Sus patas robustas recuerdan a *Camarasaurus*, aunque serían mucho más alargadas.

APATOSAURUS
HERBÍVORO GIGANTESCO

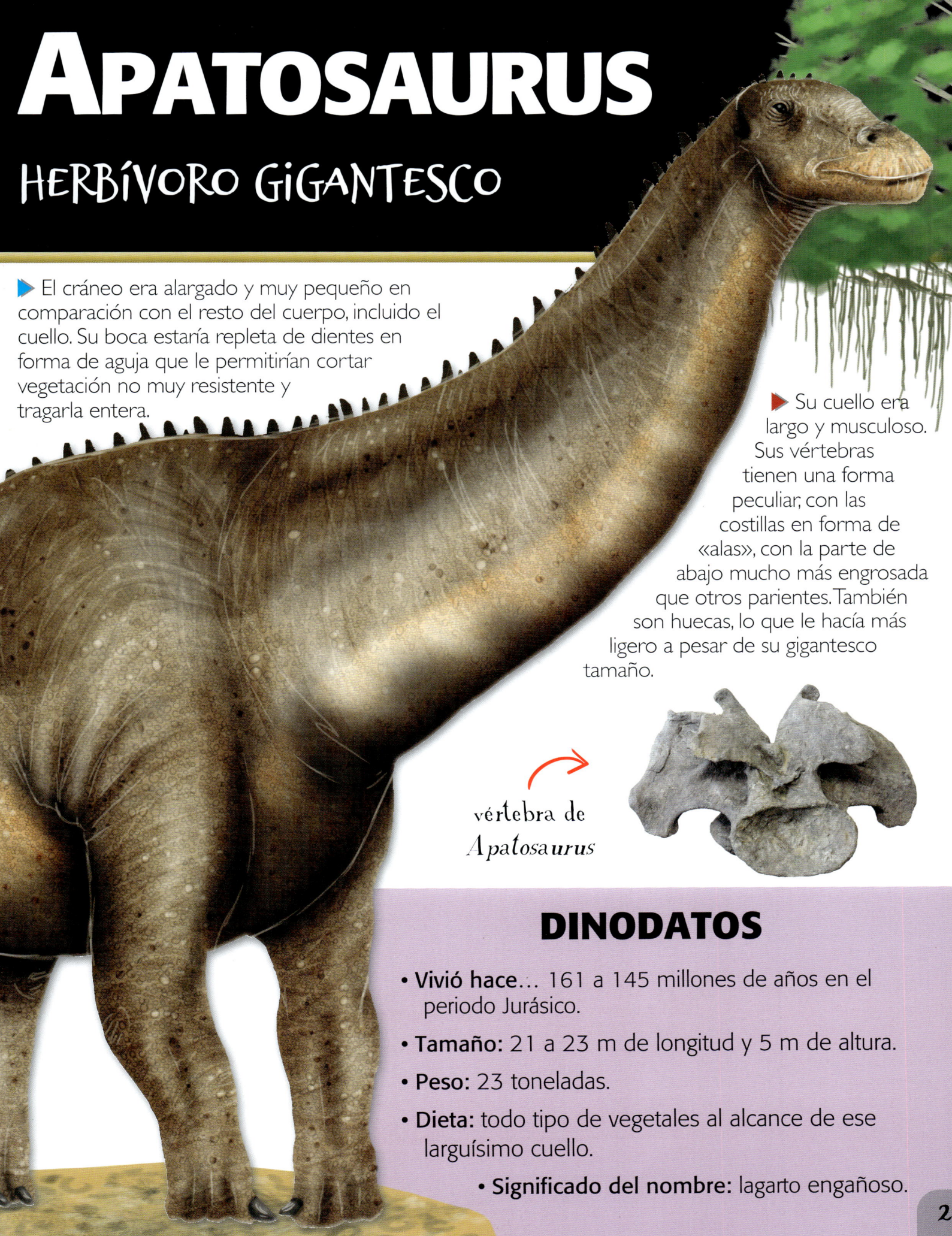

▶ El cráneo era alargado y muy pequeño en comparación con el resto del cuerpo, incluido el cuello. Su boca estaría repleta de dientes en forma de aguja que le permitirían cortar vegetación no muy resistente y tragarla entera.

▶ Su cuello era largo y musculoso. Sus vértebras tienen una forma peculiar, con las costillas en forma de «alas», con la parte de abajo mucho más engrosada que otros parientes. También son huecas, lo que le hacía más ligero a pesar de su gigantesco tamaño.

vértebra de *Apatosaurus*

DINODATOS

- **Vivió hace…** 161 a 145 millones de años en el periodo Jurásico.
- **Tamaño:** 21 a 23 m de longitud y 5 m de altura.
- **Peso:** 23 toneladas.
- **Dieta:** todo tipo de vegetales al alcance de ese larguísimo cuello.
- **Significado del nombre:** lagarto engañoso.

Este pequeño terópodo es una de las primeras pruebas que tenemos de que las aves son parientes de los dinosaurios. Hoy se conocen muchas más, pero este famoso pajarito del Jurásico no deja de sorprender: ¡sabemos hasta la forma de sus alas y los tipos de plumas que tendría!

▲ Su cuello sería largo y muy móvil. Los restos fósiles demuestran que podría adoptar la forma de S de muchas aves actuales.

▶ Al contrario que otras aves del Cretácico y todas las actuales, *Archaeopteryx* no tiene la fusión de las vértebras de la cola ni las ha perdido. Al contrario: ¡tiene una cola inusualmente larga! Alcanzaba hasta 20 cm, estaba cubierta de plumas, y la usaría como timón.

CONQUISTANDO LOS CIELOS

Este dinosaurio se conoce desde los primeros descubrimientos hace más de cien años, pero hasta hace relativamente poco no se ha resuelto el misterio: ¿sería un dinosaurio volador?, ¿o simplemente planearía lanzándose sobre sus presas pequeñas desde los árboles?

Sabemos que volaría perfectamente gracias a múltiples estudios que incluyen hacer el mismo tipo de prueba a una reconstrucción de este dinosaurio que la que se les hace a los aviones nuevos en un túnel de viento. ¡Los pájaros competirían por el dominio de los cielos europeos desde el Jurásico!

URRACAS JURÁSICAS

Una de las peculiaridades de cómo se preservan los fósiles de *Archaeopteryx* es que nos permiten observar la estructura de sus plumas y tratar de descubrir cosas tan fascinantes como la coloración: ¡casi ningún resto paleontológico se puede permitir ese lujo!

Al fosilizar, pocos animales dejan pruebas de su color, pero un análisis exhaustivo de este pajarito permite saber que al menos poseería plumas principalmente de color oscuro o negro con algunas franjas claras. Su plumaje podría parecerse al de una urraca actual.

Archaeopteryx

Las primeras aves

▶ Sus alas estarían cubiertas de plumas. Aún le faltarían algunos tipos de plumas de las que tienen las aves modernas, pero el tipo principal sería similar ¡desde hace 150 millones de años!

▶ Estas alas estarían formadas por tres dedos. Así que ¡cuidado cuando descendiese! Tendría unas garras móviles con las que atrapar a pequeñas presas.

▼ Aunque sería un ave, ¡aún no tenía pico! Su cabeza presentaba un cráneo largo y lleno de dientes.

DINODATOS

- **Vivió hace…** 152 a 145 millones de años en el periodo Jurásico.
- **Tamaño:** los ejemplares más grandes 51 cm de longitud, con una envergadura alar de 60 cm.
- **Peso:** 82 g a 1 kg.
- **Dieta:** pequeños mamíferos, lagartos o insectos.
- **Significado del nombre:** ala antigua.

Si un dinosaurio define a los gigantes que poblaron la Tierra, este sería *Brachiosaurus*. No es el más grande que ha existido, pero sí de los que más altos han conseguido levantarse. Su impresionante cuerpo estaría elevado por delante como en una jirafa, y se alzaría fácilmente sobre los 12 m de altura.

CUELLO DE CISNE

La parte delantera de este saurópodo estaría dirigida hacia arriba por la forma inusual de sus patas, las delanteras más largas que las traseras. Pero aún existen dudas sobre la postura de su cuello. ¿Sería ligeramente curvado como en otros saurópodos? ¿O tendría forma de cuello de cisne?

Parte de las dudas sobre la postura de su cuello es debido a la forma de sus vértebras (que tendrían una flexibilidad mayor que otros saurópodos), tendones robustos y una musculatura potente. Además, sus vértebras tienen cavidades y huecos que harían su cuerpo más ligero sin perder resistencia.

▼ Su cola era mucho más corta que la de otros saurópodos, contrastando con los «látigos» que tendrían *Diplodocus* o *Apatosaurus*.

DE SAURÓPODO ACUÁTICO A RAMONEADOR

Cuando se descubrieron los restos de *Brachiosaurus* hace cien años, se pensaba que la única forma de sobrevivir de los saurópodos sería en medios pantanosos o cercanos a lagos. Al ver el cuello tan largo y con las fosas nasales en la frente, la hipótesis que surgió parecía obvia: un cuello con el que sobresalir del agua a la hora de cruzar lagos y ríos.

No obstante, nuestra visión de estos gigantes ha cambiado mucho: ¡serían mucho más ágiles de lo que pensaban en aquella época! Hoy sabemos que rebaños de estos enormes dinosaurios se moverían hacia los bosques, en donde comerían de los árboles más altos, despreocupados de lo que ocurría en el suelo, sin ningún terópodo que se atreviese a intentar cazarlos.

▶ Las patas traseras y su pelvis serían robustas y con una gran musculatura para soportar el peso y ayudar a mover ese inmenso cuerpo.

BRACHIOSAURUS
POR ENCIMA DE LOS ÁRBOLES

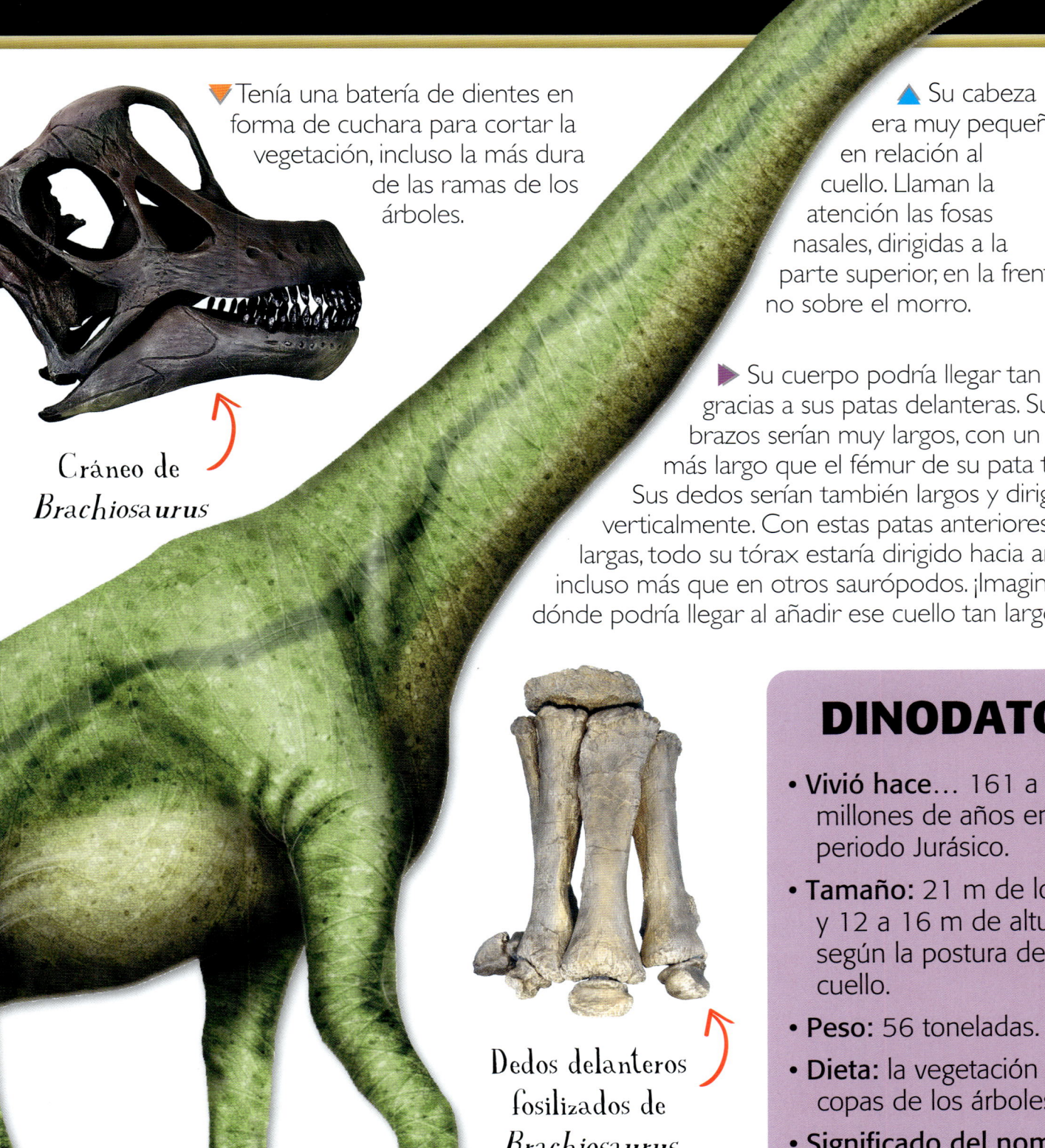

▼ Tenía una batería de dientes en forma de cuchara para cortar la vegetación, incluso la más dura de las ramas de los árboles.

Cráneo de Brachiosaurus

▲ Su cabeza era muy pequeña en relación al cuello. Llaman la atención las fosas nasales, dirigidas a la parte superior, en la frente, no sobre el morro.

▶ Su cuerpo podría llegar tan alto gracias a sus patas delanteras. Sus brazos serían muy largos, con un húmero más largo que el fémur de su pata trasera. Sus dedos serían también largos y dirigidos verticalmente. Con estas patas anteriores tan largas, todo su tórax estaría dirigido hacia arriba, incluso más que en otros saurópodos. ¡Imagina dónde podría llegar al añadir ese cuello tan largo!

Dedos delanteros fosilizados de Brachiosaurus

DINODATOS

- **Vivió hace…** 161 a 145 millones de años en el periodo Jurásico.
- **Tamaño:** 21 m de longitud y 12 a 16 m de altura según la postura de su cuello.
- **Peso:** 56 toneladas.
- **Dieta:** la vegetación de las copas de los árboles.
- **Significado del nombre:** lagarto brazo.

De los cuatro saurópodos más famosos del Jurásico, no era el más pesado ni el más grande, pero *Camarasaurus* era sin duda masivo. Compacto y pesado, esta mole de hasta 20 m devoraría gran cantidad de vegetación, ¡se cree que hasta media tonelada al día!

HUECO POR DENTRO

La clave para conocer lo masivo que era está en sus costillas, mucho más abiertas y anchas que las de otros parientes, por lo que *Camarasaurus* tendría un vientre mucho más ancho. Su nombre proviene de estas vértebras del cuello y la espalda tan peculiares. Tienen cámaras y huecos para hacerlas más ligeras.

Cráneo de Camarasaurus

Vértebra de Camarasaurus

▶ Llegaba a las copas de los árboles no por su cuello alargado y elevado como en los casos de *Brachiosaurus* o *Apatosaurus*, sino gracias a una pelvis que orientaría ligeramente su columna hacia arriba.

DINODATOS

- **Vivió hace...** 161 a 145 millones de años en el periodo Jurásico.
- **Tamaño:** hasta 20 m de longitud.
- **Peso:** 20 toneladas.
- **Dieta:** vegetación alta, o de ramas de los árboles.
- **Significado del nombre:** lagarto con cámaras.

▶ Sus patas eran robustas y perfectas para soportar su cuerpo gigantesco y mucho más grueso que otros saurópodos de su tamaño.

Camarasaurus
un peso pesado

▶ Su cuello, grueso y musculoso, no tendría la misma movilidad que el de otros parientes como *Diplodocus*, pero le permitiría comer tanto de vegetación alta del suelo como de los árboles bajos.

▲ Su cabeza era corta y llena de dientes preparados para cortar vegetación dura. Tendrían una forma de cuchara o cincel, ligeramente cortantes hacia su punta.

▶ El *Camarasaurus* era una auténtica máquina de procesar toneladas de comida diarias gracias a la fermentación, un proceso en que las bacterias que habitaban en su sistema digestivo descompondrían la comida. ¡Pero es que además tendría una auténtica fábrica dentro de su estómago! Sus bacterias trabajarían a destajo, mucho más eficientes y en mayor cantidad que en otros herbívoros actuales, como las vacas.

JÓVENES Y ANCIANOS

Disponemos del esqueleto completo de varias especies conocidas de *Camarasaurus*, incluso de individuos de distinta edad. El más conocido es el joven encontrado en Dinosaur Monument, Estados Unidos, con todo su esqueleto completo y en posición de muerte. También hay restos de ancianos en otros yacimientos. Se han encontrado algunos esqueletos con muestras de haber superado enfermedades, como uno de Bryan Small Stegosaur Quarry, en Estados Unidos, que muestra signos de haberse recuperado de una herida en la pata anterior.

Entre los grandes dinosaurios carnívoros del Jurásico comenzó una especialización entre sus formas de cazar y dietas. El *Ceratosaurus* no tendría una mordedura especialmente fuerte como otros parientes, pero no le faltaban dientes afilados con los que cazar grandes herbívoros.

EN LAS FAUNAS DE TODO PANGEA

Se han encontrado fósiles de *Ceratosaurus* en casi todas las masas continentales actuales, una prueba más de que todas estuvieron unidas en este supercontinente. No es el primer dinosaurio encontrado a ambos lados del océano Atlántico durante el Jurásico. *Ceratosaurus*, además de haber habitado en Estados Unidos o Portugal, también se ha encontrado en otros lugares de Europa; incluso se han hallado fósiles suyos en la formación Tendaguru en Tanzania (África). Y se discute si algunos restos fósiles encontrados en Sudamérica pudieran ser también de esta especie.

▼ Otra cosa que caracteriza a *Ceratosaurus* es la presencia de osteodermos, pequeñas placas de hueso distribuidas por su cuerpo y visibles en la piel, como se pueden ver entre las escamas de un cocodrilo.

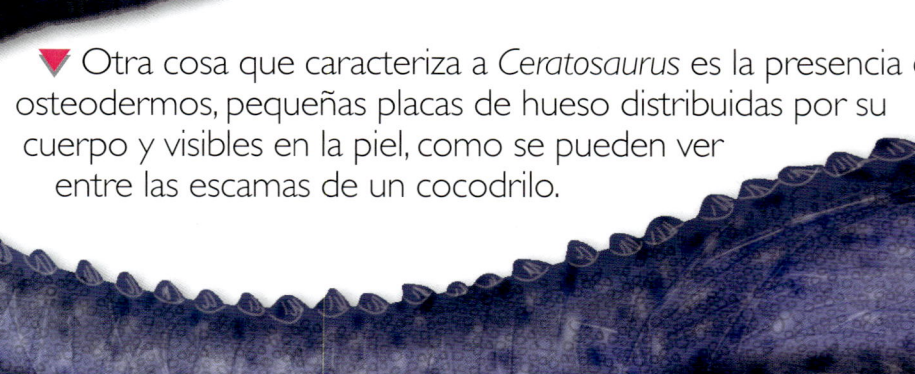

DINODATOS

- **Vivió hace…** 157 a 145 millones de años en el periodo Jurásico.
- **Tamaño:** entre 5,7 y 7 m de longitud y 2 m de altura.
- **Peso:** 520-980 kg.
- **Dieta:** herbívoros de pequeño tamaño y algunas grandes presas desprevenidas.
- **Significado del nombre:** lagarto con cuerno.

▲ Contaba con una cola con las vértebras altas y una musculatura fuerte que, junto con sus largas patas traseras, le permitían una carrera rápida cuando se topaba con una presa desprevenida.

CERATOSAURUS
ACECHANTE EN LOS BOSQUES

UNA MORDEDURA RÁPIDA

Este terópodo tenía una mordedura rápida y precisa, como los varanos actuales.

Acecharía a los herbívoros hasta lanzar rápidos bocados, produciendo cortes profundos con sus dientes como cuchillos. Así solo tendría que esperar a que su presa se debilitase para darse un festín.

Mandíbula de *Ceratosaurus*

▼ Su cráneo alargado posee una estructura con forma de varios cuernos sobre su nariz. Además, su cabeza era relativamente más grande de lo habitual respecto al resto del cuerpo.

▲ Sus brazos eran cortos; no le servirían para agarrar a la presa durante la caza al ser tan pequeños.

▲ Tenía varios huesos de la pelvis fusionados, algo poco habitual entre los dinosaurios carnívoros más primitivos.

▲ Su boca tendría algo más de una docena de dientes de hasta 9 cm afilados y curvos.

No todos los dinosaurios eran grandes animales de varias toneladas: entre los terópodos también existían algunos pequeños cazadores que se ocultarían entre los helechos de los bosques del Jurásico.

LA VIDA EN UNA ISLA

Hacia finales del Jurásico empieza a deshacerse Pangea, y mientras que algunas zonas podían tener más contacto entre continentes, el centro de Europa tal y como lo conocemos ahora se convirtió en pequeñas islas.

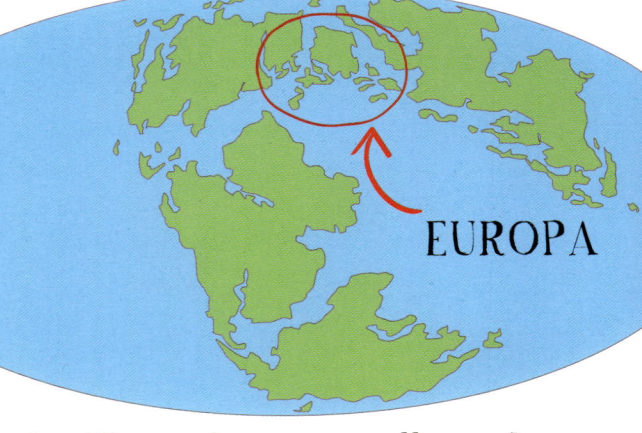

La Tierra hace 150 millones de años

En estas no se han encontrado grandes cazadores: puede que los mayores terópodos fuesen *Compsognathus* y hermanos suyos, como el *Archaeopteryx*. *Compsognathus* podría cazar pequeños dinosaurios, lagartos o mamíferos, ¡pero debía tener cuidado de no convertirse en la comida de uno de estos primeros pájaros!

▶ Esta cola casi tan larga como el resto de su cuerpo le permitiría maniobrar entre plantas persiguiendo a algún animal de pequeño tamaño.

PEQUEÑOS Y EMPLUMADOS

Aunque no hay evidencia directa en *Compsognathus*, en la pequeña familia de estos diminutos terópodos hay varios dinosaurios con plumas, lo que sugiere que él también las tendría parecidas a las aves.

Pero al contrario que en los pájaros, serían plumas muy cortas y simples, recubriéndolos como el pelo o plumón de los pollitos al nacer.

Compsognathus
Entre los pies de los Gigantes

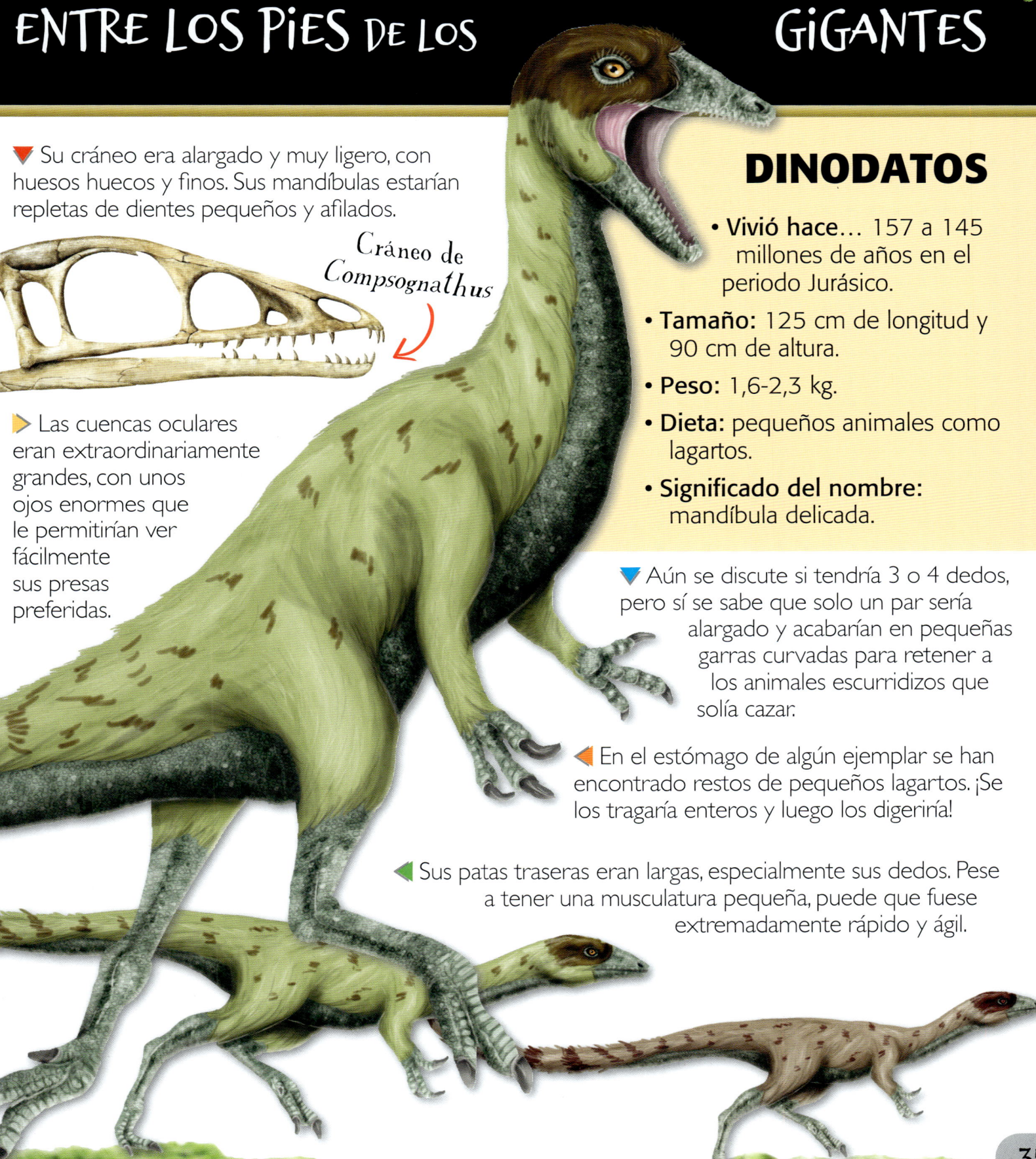

▼ Su cráneo era alargado y muy ligero, con huesos huecos y finos. Sus mandíbulas estarían repletas de dientes pequeños y afilados.

Cráneo de Compsognathus

▶ Las cuencas oculares eran extraordinariamente grandes, con unos ojos enormes que le permitirían ver fácilmente sus presas preferidas.

DINODATOS

- **Vivió hace…** 157 a 145 millones de años en el periodo Jurásico.
- **Tamaño:** 125 cm de longitud y 90 cm de altura.
- **Peso:** 1,6-2,3 kg.
- **Dieta:** pequeños animales como lagartos.
- **Significado del nombre:** mandíbula delicada.

▼ Aún se discute si tendría 3 o 4 dedos, pero sí se sabe que solo un par sería alargado y acabarían en pequeñas garras curvadas para retener a los animales escurridizos que solía cazar.

◀ En el estómago de algún ejemplar se han encontrado restos de pequeños lagartos. ¡Se los tragaría enteros y luego los digeriría!

◀ Sus patas traseras eran largas, especialmente sus dedos. Pese a tener una musculatura pequeña, puede que fuese extremadamente rápido y ágil.

Este dinosaurio también está distribuido por bastantes países del mundo, ¡pero por razones muy distintas! Algunos museos famosos tienen una copia de uno de los primeros esqueletos casi completos de *Diplodocus* encontrados en Wyoming, Estados Unidos.

A principios del siglo xx se hizo una copia, llamada *Dippy*, para el museo de Londres, Reino Unido, pero muchos otros países solicitaron también una.

Las réplicas de *Dippy* han estado en las salas de muchos de estos museos durante un siglo, desde Londres a Madrid o en sitios tan lejanos de su hogar como Rusia y Argentina.

Dippy del Museo de Historia Natural de Londres, Reino Unido.

SERVICIO DE JARDINERÍA JURÁSICA

Mientras que la mayoría de saurópodos de gran tamaño utilizarían su cuello extremadamente largo para alcanzar todo tipo de vegetación, incluso la copa de las coníferas más altas, el cuello de *Diplodocus* le permitiría otro tipo de especialización.

En su lugar, tendría un movimiento excepcional hacia los lados, pero no tanto en altura. El *Diplodocus* llegaría a un claro con helechos y pacería como una vaca. Con una pequeña diferencia: ¡con su larguísimo cuello abarcaría un arco enorme donde comer sin moverse! Una vez hubiese consumido suficiente vegetación, el grupo se movería a otro sitio.

▶ Su inmensa cola tendría hasta 80 vértebras con gran movilidad, por lo que se discute si la utilizaría como un látigo para defenderse haciendo un chasquido y así asustar a posibles depredadores.

Diplodocus
Gigante entre gigantes

▶ Su cráneo sería alargado y con los mismos dientes de aguja que comparte con sus parientes más cercanos.

▶ Estos dientes de aguja le permitirían cortar los helechos de los que se alimentaba.

▼ Tenía unas pequeñas espinas queratinosas adornando la parte superior de todo su dorso, desde la cabeza a la cola.

DINODATOS

- **Vivió hace…** 161 a 145 millones de años en el periodo Jurásico.
- **Tamaño:** 26 m de longitud y 8 m de altura.
- **Peso:** 16 toneladas.
- **Dieta:** vegetación a ras de suelo, helechos.
- **Significado del nombre:** doble viga.

◀ Comería a ras de suelo, pero también podría darse algún capricho alcanzando la copa de un árbol. Algunos científicos creen que podría apoyarse temporalmente sobre sus patas traseras y levantar las delanteras, tal vez para defenderse o alzar el cuello mucho más de lo habitual.

◀ Las vértebras de su cuello son peculiares: en otros familiares son especialmente altas, pero además, en el *Diplodocus* se dividirían en «dos espinas» a lo largo del cuello y parte del comienzo de la espalda, de ahí su nombre.

◀ Sus patas serían rectas como columnas para soportar su peso, ¡pero mucho más ligeras que en su pariente *Apatosaurus*!

Algunos ancestros del famoso *Velociraptor* ya tendrían una gran habilidad con las patas anteriores y formas de cazar bastante parecidas. Estos habilidosos depredadores se abalanzarían sobre presas pequeñas para atraparlas con sus manos.

CAZADORES NOCTURNOS

Este depredador ágil coexistía con otros terópodos de pequeño tamaño, y dado que tenía unos ojos tan grandes, quizá tuvo hábitos más nocturnos. Así se dividirían los nichos entre cazadores, con *Ornitholestes* prefiriendo cazar cuando todo estaba más oscuro.

Otra especulación es si cazaría en manada como ancestro de *Velociraptor*, pero por el momento es difícil de saber, ya que solo se ha descrito un individuo; ¡y aunque se han encontrado más fósiles suyos, aún están por estudiar!

◀ La boca estaba llena de dientes curvados y serrados como cuchillos para desgarrar carne.

▼ La cola larga era el arma secreta de este dinosaurio. Era rígida y con una articulación que le permitiría utilizar todos sus músculos para saltar sobre su presa, ¡combinado con ese fenomenal agarre con sus patas delanteras!

BRAZOS FLEXIBLES

Desde su descubrimiento siempre ha llamado la atención la forma de sus brazos y sus manos. Las patas delanteras tendrían un movimiento excepcional hacia el interior de su cuerpo, además de su capacidad de extenderlas casi por completo.

Además, por la forma de su cúbito y radio, las manos estarían permanentemente giradas hacia adentro, en lugar de hacia abajo como otros terópodos. Sus manos alargadas y móviles le permitirían capturar presas ágiles con facilidad.

ORNITHOLESTES
HABILIDOSO CON LAS MANOS

▶ Su cráneo era alargado, con unas cuencas para los ojos de gran tamaño. ¡Además, al estar orientados hacia adelante, tendría muy buena visión!

▶ Las patas delanteras se extenderían con rapidez para agarrar presas ágiles que tratasen de evitar a este depredador.

▲ ¡Nada se resistía a estas afiladas garras! Sus dedos eran largos, sobre todo el primer dedo. Y por si fuera poco, su tercer dedo podía «cerrar la mano» como hacemos nosotros con el pulgar.

▶ No te dejes engañar por estas patas traseras tan gráciles: ¡estaban diseñadas para una carrera explosiva en pocos segundos! Y posiblemente para un salto rápido sobre su presa.

DINODATOS

- **Vivió hace…** 161 a 145 millones de años en el periodo Jurásico.
- **Tamaño:** 2 m de longitud y 91 cm de altura.
- **Peso:** 12 kg.
- **Dieta:** pequeños lagartos, mamíferos y pájaros.
- **Significado del nombre:** cazador de aves.

Durante el Mesozoico, los tiburones no eran los únicos depredadores que vivían en los mares. Antes de que los mamíferos conquistaran también las aguas, reptiles marinos del tamaño de orcas cazarían en los océanos del Jurásico.

Comparativa de tamaño entre Depredador X y un humano adulto

▲ Mantendría una cola corta, como sus antepasados.

DEPREDADOR X

Si la mayoría de especies de *Pliosaurus* eran depredadores temidos, superando en tamaño a un tiburón blanco actual, y con fósiles que indican que se extendieron con éxito por todos los mares y océanos del planeta, imagina encontrar uno ¡del tamaño de una ballena!

El *Pliosaurus funkei*, apodado *Depredador X*, fue encontrado recientemente en Svalbard, Noruega. Tendría un cráneo de 2,5 m de largo, llegaría a medir algo más que una orca actual y pesar casi tanto como un cachalote. ¡Un superdepredador del océano Jurásico!

▲ La pata trasera adoptó también forma de aleta.

EVOLUCIÓN A ALETAS

Los *Pliosaurus* tenían cuatro aletas para poderse mover bajo el agua. Estas aletas las formaban sus extremidades, que se adaptaron en un proceso muy parecido al que luego tendrían que pasar los mamíferos marinos. El húmero se volvió corto, plano y robusto. Los dedos, alargados, con más falanges que en el dedo de otros reptiles terrestres. Y tanto su brazo, corto y robusto, como sus dedos alargados estaban recubiertos por músculo y piel, formando unas aletas gruesas y fuertes con las que nadar rápidamente.

PLIOSAURUS
PELIGRO EN LAS PROFUNDIDADES

▼ Maniobraría girando la columna, pues su recta cola no le serviría de mucho sin ninguna vela o aleta caudal. Así que los giros y cambios de rumbo durante la persecución los haría ¡con sus cuatro poderosas aletas!

▼ Sus patas eran muy cortas. La zona del brazo tendría músculos poderosos para nadar y girar a gran velocidad en la persecución.

▼ Su cabeza era muy alargada, con dientes puntiagudos y curvos más similares a los de un dinosaurio terópodo o un cocodrilo que a los de otros cazadores marinos como los tiburones.

DINODATOS

- **Vivió hace…** 166 a 145 millones de años en el periodo Jurásico.
- **Tamaño:** desde 10 m a 16 m de longitud y 3,6 m de altura.
- **Peso:** entre 4 y 9 toneladas.
- **Dieta:** peces de todos los tamaños y otros reptiles marinos.
- **Significado del nombre:** más cercano a los lagartos.

▲ En sus mandíbulas podría tener más de 100 dientes como puñales con los que lanzar una dentellada letal.

Este dinosaurio herbívoro tenía la espalda armada con gigantescas placas. Al principio se pensó que estas placas recubrían su cuerpo como un armadillo; luego se descubrió que se apoyarían verticales ¡como gigantescas señales de aviso para otros dinosaurios!

DINODATOS

- **Vivió hace…** 164 a 145 millones de años en el periodo Jurásico.
- **Tamaño:** entre 7 y 9 m de longitud y 3 m de altura.
- **Peso:** 4,7-7 toneladas.
- **Dieta:** vegetación baja en zonas áridas, frutos.
- **Significado del nombre:** lagarto con techo.

▼ Las placas de su espalda llegan a ser gigantescas, ¡hasta medio metro!, alternándose en cada lado, y puede que entre las distintas especies de *Stegosaurus* tuviesen patrones distintos.

▶ La cola era corta y robusta.

COLETAZO DEFENSIVO

La clave para sobrevivir en el Jurásico ante cazadores temibles como *Allosaurus* eran las cuatro púas de la cola, ya que las gigantescas placas servirían de poca defensa. Utilizaría estas púas para repeler o herir a los carnívoros que se acercasen.

Estos coletazos serían muy poderosos, ya que la forma de su cadera y sus patas traseras permitirían que girase el cuerpo. ¡Utilizaría casi todos los músculos de su cintura en el coletazo!

◀ Al final de la cola había cuatro espinas afiladas de más de medio metro que mantendrían alejado hasta al cazador más valiente.

Stegosaurus
ADVERTENCIA A LOS DEPREDADORES

Placa fosilizada de Stegosaurus

¡MIRADME TODOS!

Se ha especulado mucho para qué servirían sus placas gigantescas porque no parecen ser simplemente de defensa. Podrían regular su temperatura corporal actuando como si fuesen placas solares debido a la cantidad de venas que recorrerían su interior.

O incluso tendrían la capacidad de cambiar su color, como un método para comunicarse con otros miembros de su especie, con otros dinosaurios, o ¡hasta para advertir a sus enemigos!: «No te metas conmigo si no quieres un coletazo…».

▼ Las placas comienzan desde la base de su cabeza; aquí eran más pequeñas y protegerían un poco esta parte tan vulnerable.

▼ Tenía dientes con forma de corazón invertido, con muchos dentículos pequeños, para comer frutos y vegetación resistente a ras de suelo. Poseía un pequeño pico córneo en la punta del morro.

◀ Sus patas delanteras eran más pequeñas y ligeras que las traseras; estas le ayudaban a desplazar su tórax grande y alto, así como en el movimiento defensivo para golpear con su cola. Sus músculos permitían girar rápidamente la cintura del animal.

Este pequeño terópodo recorrería las zonas próximas a los lagos del centro de la península ibérica persiguiendo pequeños insectos, lagartijas, ranas o peces, aunque también se detendría a comer las hojas de algún helecho.

DINO ESPAÑOL

En el yacimiento de Las Hoyas (Cuenca, España) se han recuperado cientos de fósiles preservados en calizas litográficas, desde pequeños peces y anfibios a gigantescos terópodos del tamaño de un coche que depredarían al pequeño *Pelecanimimus*.

Este tipo de fosilización ha permitido que se preserve casi todo el esqueleto del *Pelecanimimus*, y además restos de su piel. También el «plumón» que recubriría la parte superior o los brazos, la pequeña cresta de su cabeza o las filas de diminutos dientes de su cráneo.

EL PREFERIDO POR LOS DENTISTAS

Muchos de sus parientes perdieron todos o casi todos sus dientes como parte de la adaptación a una dieta omnívora de pequeñas plantas y animales. Pero en el *Pelecanimimus* es al contrario: ¡está entre los pasos intermedios a esta condición sin dientes! Este pequeño corretón tendría ¡nada más y nada menos! que 220 minúsculos dientes.

Además estos dientes tendrían ligeras especializaciones, como nos pasa a los mamíferos: los dientes anteriores tendrían forma de «D», mientras que los de la parte posterior de su mandíbula serían más anchos.

▶ El apodo de corretón le viene de sus gráciles y largas patas traseras, que de todas formas serían bastante musculosas para su tamaño. Apoyándose en la punta de los dedos de sus pies, utilizaría toda su fuerza en una carrera para atrapar los animales más escurridizos o escapar de los terribles terópodos que vivían cerca de los lagos.

Pelecanimimus
Dinosaurio corretón

◀ Su cuello tiene unos huesos peculiares ligados al desarrollo de unos músculos especializados de la lengua, que posiblemente usaría para atrapar pequeños peces o anfibios con el saco gular.

◀ El cuerpo estaría recubierto de pequeños filamentos o protoplumas, preservadas también como impresiones en algunas partes de sus restos fósiles.

◀ Gracias a que se ha preservado en calizas litográficas, sabemos que su cabeza sería alargada con una cresta en la parte posterior superior, y que tendría un saco gular de tejido blando bajo la mandíbula, parecido al que tienen los pelícanos.

◀ Pese a que no tendría relación cercana con las aves, ¡los huesos de su pecho son bastante similares! ¿Quizá podía realizar un planeo corto durante la huida como algunas de las aves terrestres actuales?

◀ Las extremidades anteriores eran largas y gráciles, recubiertas de plumas.

DINODATOS

- **Vivió hace...** 130 a 125 millones de años en el periodo Cretácico.
- **Tamaño:** casi 2,5 m de longitud y 1 m de altura.
- **Peso:** 17-25 kg.
- **Dieta:** vegetación lacustre, pequeños anfibios, insectos, lagartijas o peces.
- **Significado del nombre:** imitador de pelícanos.

Este superdepredador de la formación Cedar Mountain (Utah, Estados Unidos), no se bastaría solo de sus afilados dientes o sus poderosas garras delanteras para cazar a sus presas; tenía un arma secreta en forma de garra gigantesca en sus pies.

DINODATOS

- **Vivió hace…** 139 a 125 millones de años en el periodo Cretácico.
- **Tamaño:** hasta 7 m de longitud y 2 m de altura.
- **Peso:** 230 a 450 kg.
- **Dieta:** presas de gran tamaño.
- **Significado del nombre:** depredador de Utah.

KO DE UNA PATADA

Aunque son más conocidos sus parientes más pequeños *Deinonychus* y *Velociraptor*, el gigantesco *Utahraptor* sería el único de su familia que podría acabar con una presa de una patada sin necesidad de atraparla antes. Su gran tamaño no le permitiría correr como sus parientes, y tendría que recurrir al acecho y emboscada de sus presas.

Pero sus potentes patas traseras y su excepcional equilibrio le permitirían ¡lanzar una patada letal a su presa! Posiblemente la derribaría con heridas incompatibles con la vida.

▶ Para patear sin sujetarse, utilizaría su cola larga y rígida para equilibrarse.

GARRA LETAL

La familia a la que pertenecen *Velociraptor* o *Utahraptor* se caracteriza porque casi todos tienen una gigantesca garra retráctil en el segundo dedo del pie y apoyan casi todo el peso en el tercer y cuarto dedo, dejando unas huellas con solo dos dedos, y la base de la garra gigante.

Utahraptor poseería la garra retráctil más grande encontrada en un miembro de su familia, con casi 24 cm. Estaba curvada en forma de hoz y la usaría para matar a sus presas.

Utahraptor
Patada mortífera

▶ Aunque se han preservado pocos restos de su cráneo, se puede saber que era de un tamaño semejante al de *Velociraptor* y más alargado que el de otros miembros de su familia.

▲ Tendría dientes curvos y afilados de al menos 6 cm.

◀ Que no te engañen sus patas delanteras recubiertas de plumas: esconden unas manos hábiles con unas garras gigantescas para retener a su presa.

▼ Su pata trasera sería más robusta que en otros parientes. Esto le permitiría lanzar su patada mortal mientras se mantenía en equilibrio, así como una carrera explosiva cuando su presa estaba desprevenida.

No todos los terópodos serían exclusivamente carnívoros. Algunos, como el pequeño *Caudipteryx*, serían omnívoros y tendrían un rol similar al de pavos y otras aves terrestres actuales, ¡pese a que no son los parientes más cercanos de los pájaros!

DINODATOS

- **Vivió hace…** 130 a 122 millones de años en el periodo Cretácico.
- **Tamaño:** 78 cm de longitud y 1 m de altura.
- **Peso:** 2,3 kg.
- **Dieta:** raíces, frutos, insectos y otros pequeños animales.
- **Significado del nombre:** cola emplumada.

PARECIDO A LAS AVES

Mientras que los pájaros ya habían comenzado a conquistar el aire, los descendientes de *Archaeopteryx* aún no serían tan diversos como en la actualidad. En cambio, otros dinosaurios parientes más lejanos ocuparían lugares similares en los ecosistemas del Cretácico. En este caso *Caudipteryx*, un pequeño animal omnívoro que iría rebuscando para comer semillas, pequeños animales o insectos a ras de suelo.

Tiene ciertas similitudes con los pájaros, eso sí, y por ello ha sido un quebradero de cabeza para los paleontólogos.

◀ Su cola sería corta y terminaría en un abanico de plumas.

▲ Este gran matojo de plumas se asemejaba al de un pavo real actual; quizás usara estas plumas para el mismo propósito: atraer posibles parejas.

▶ Sus patas serían largas y gráciles, lo que le permitiría correr y escapar del peligro: ¡en esto parecería más una perdiz gigante!

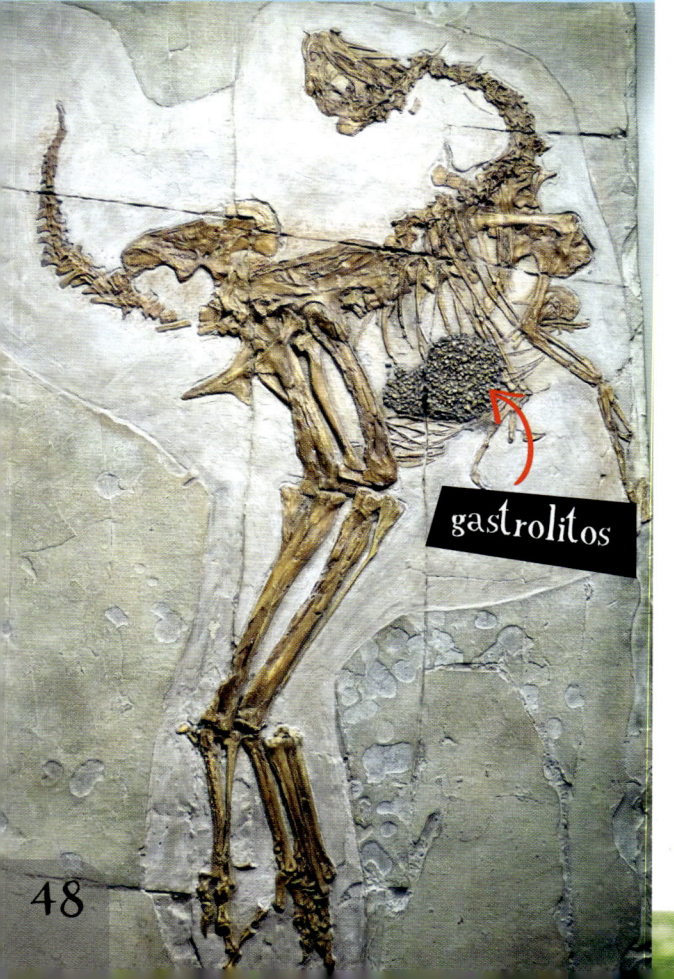

gastrolitos

SIN DIENTES

Se han encontrado restos del contenido de su estómago, con docenas de pequeños gastrolitos que le ayudarían a triturar materia vegetal o los alimentos más duros, ¡ya que casi no tenía dientes con los que masticar!

CAUDIPTERYX
PAVO DEL CRETÁCICO

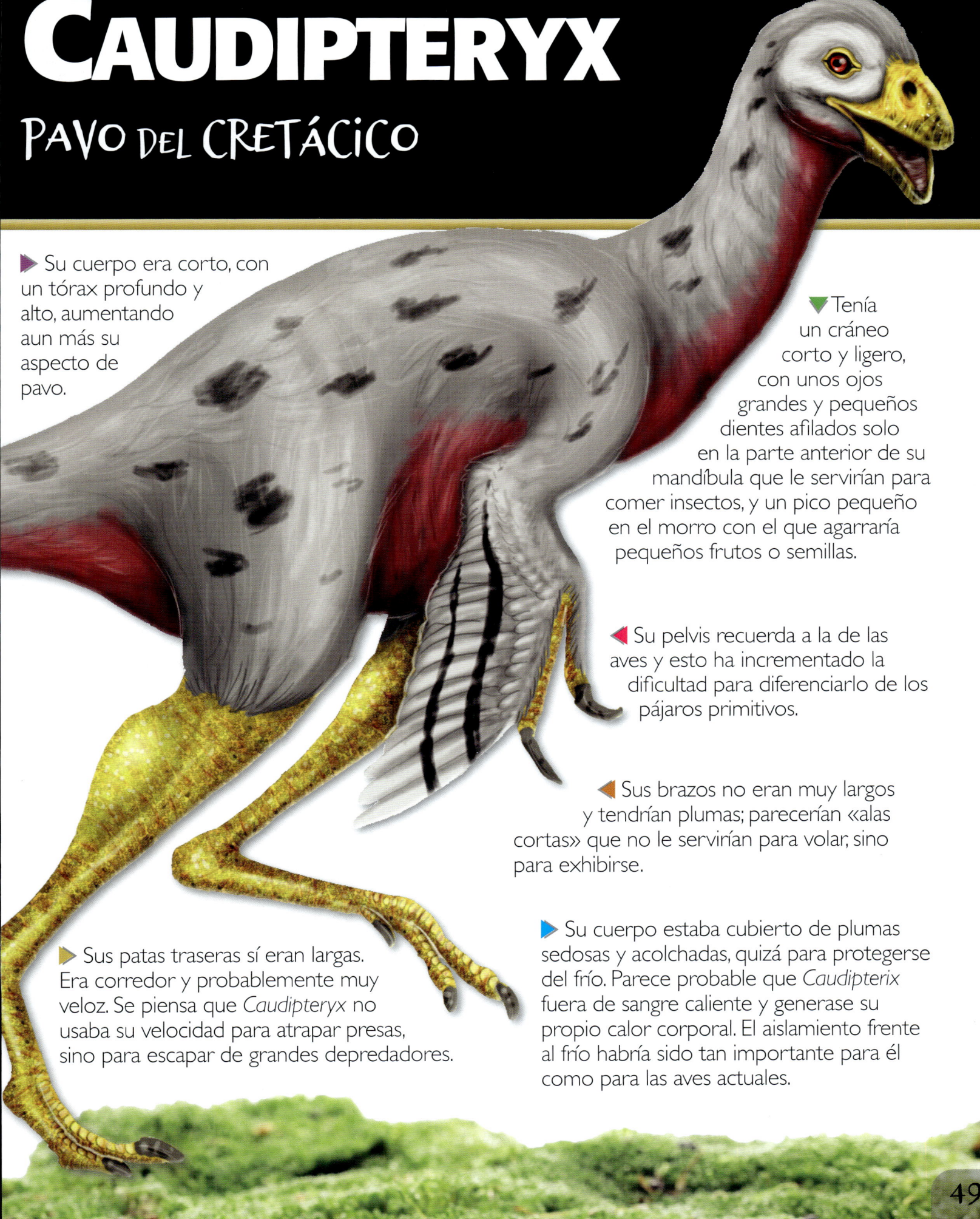

▶ Su cuerpo era corto, con un tórax profundo y alto, aumentando aun más su aspecto de pavo.

▼ Tenía un cráneo corto y ligero, con unos ojos grandes y pequeños dientes afilados solo en la parte anterior de su mandíbula que le servirían para comer insectos, y un pico pequeño en el morro con el que agarraría pequeños frutos o semillas.

◀ Su pelvis recuerda a la de las aves y esto ha incrementado la dificultad para diferenciarlo de los pájaros primitivos.

◀ Sus brazos no eran muy largos y tendrían plumas; parecerían «alas cortas» que no le servirían para volar, sino para exhibirse.

▶ Sus patas traseras sí eran largas. Era corredor y probablemente muy veloz. Se piensa que *Caudipteryx* no usaba su velocidad para atrapar presas, sino para escapar de grandes depredadores.

▶ Su cuerpo estaba cubierto de plumas sedosas y acolchadas, quizá para protegerse del frío. Parece probable que *Caudipterix* fuera de sangre caliente y generase su propio calor corporal. El aislamiento frente al frío habría sido tan importante para él como para las aves actuales.

DILONG
EMPERADOR DIMINUTO

PEQUEÑO, PERO ÁGIL

Este pariente de *Tiranosaurus* mediría apenas metro y medio en comparación con su primo superdepredador, pero esto no le quitaría su apetito por la carne. Este pequeño depredador tendría ligeras diferencias en el cerebro dadas sus diferencias en el hábito de caza. En lugar de un olfato desarrollado de *Tiranosaurus*, el cerebro de *Dilong* era más curvado, con las áreas dedicadas al olfato menos desarrolladas. Pero a cambio ganaría un mayor desarrollo en las zonas ligadas a su agilidad.

▶ Una parte de su cuerpo, y la zona superior de su cola estarían cubiertas de protoplumas, de un aspecto similar al plumón que recubre a los pollitos en aves actuales.

Este carnívoro sería mucho más ágil y escurridizo, tanto para huir de otros depredadores mayores como para rastrear a presas de menor tamaño entre los bosques.

El nombre de este dinosaurio deriva del chino: *di* significa «emperador» y *long*, «dragón». «Emperador» hace referencia a la relación de este animal con el *Tiranosaurio Rex*, el «lagarto rey tirano», y «-long» se utiliza para nombrar los dinosaurios chinos más o menos de la misma manera en que se usa el latín «-saurus» en Occidente.

▶ Sus patas eran robustas y con ellas podía perseguir con intensidad a sus presas, ¡más aún siendo uno de los tiranosaurios más ágiles!

DINODATOS

- **Vivió hace…** 130 a 122 millones de años en el periodo Cretácico.
- **Tamaño:** 1,6 m de longitud y 90 cm de altura.
- **Peso:** 11 kg.
- **Dieta:** pequeños animales, otros dinosaurios de su tamaño.
- **Significado del nombre:** dragón emperador.

La familia de los tiranosaurios no solo está representada por gigantes terribles en la cúspide de la pirámide alimenticia: ¡también había parientes de pequeño tamaño!

espécimen fósil de *Dilong*

PROTOPLUMAS

Algunos tiranosaurios tendrían una combinación de escamas y protoplumas recubriendo su cuerpo. Antes de *Dilong* ya se habían encontrado otros familiares con protoplumas en Jehol, China; incluso hoy conocemos algunos de gran tamaño con todo su cuerpo recubierto.

Las areniscas finas de la formación Yixian, en China, han permitido preservar impresiones de estas protoplumas alrededor de la mandíbula y la cola del fósil de *Dilong*.

El *Dilong* vivió 50 millones de años antes que su gigantesco pariente, el Tiranosaurio.

▼ Su cráneo mantiene algunas características propias de grandes terópodos y su dentellada sería bastante fuerte y capaz de desgarrar carne, así que si te encuentras con alguno, ¡no te fíes de su pequeña boca!

▲ Las patas delanteras eran cortas, como entre todos sus parientes cercanos, pero aún mantenía tres dedos alargados y terminados en garras.

▲ Sus mandíbulas tendrían las clásicas filas de dientes afilados y ligeramente serrados para desgarrar carne.

Este terópodo de gran tamaño habría preferido los ambientes pantanosos, ríos y otras zonas de agua donde sumergirse en un chapuzón y competir con los cocodrilos por una sabrosa pieza de pescado.

DINODATOS

- **Vivió hace…** 125 a 113 millones de años en el periodo Cretácico.
- **Tamaño:** 10 m de longitud y algo más de 3 m de altura.
- **Peso:** 2 toneladas.
- **Dieta:** peces.
- **Significado del nombre:** cazador acuático.

▼ Las vértebras de la cola tienen unos procesos alargados en la parte inferior y una espina larga que le daban esa forma aplanada y alta que usaría para moverse de un lado a otro e impulsarse con velocidad en el agua.

▼ Su pelvis era relativamente corta y poco profunda, con mayor desarrollo de la zona donde residía la musculatura de su poderosa cola.

▶ Su cola es relativamente larga y móvil frente a la cola rígida de otros terópodos, como parte de su adaptación al medio semiacuático.

COLA MUSCULOSA

Los fósiles de *Ichthyovenator* están algo incompletos, pero preservan gran parte de sus vértebras, con dos características clave para reconocerle. Una es la vela de su espalda, similar a otros familiares cercanos, pero la sorpresa estaría en la cintura y la cola: ¡tendría unas vértebras en la cola especialmente altas que recordarían a las de un cocodrilo!

Este cazador tendría preferencia por el agua, y sería buen nadador, con una cola robusta, musculosa y más alta que ancha para propulsarse y nadar bastante bien.

Ichthyovenator
Excelente nadador

Hasta su descubrimiento solo se conocían parientes suyos de África y Europa, todos pescadores y generalmente terrestres, aunque prefiriesen las zonas pantanosas de lagos o márgenes de ríos para alimentarse.

▼ Tenía un cráneo alargado, ligeramente aplanado de lado a lado, con una mandíbula algo ligera para desgarrar en el mordisco, así que su dieta sería preferentemente pescado.

▼ En su espalda tenía una «vela» formada por las espinas altas de sus vértebras del dorso y cadera.

▶ Sus dientes se parecían a los de un cocodrilo: cónicos y ligeramente serrados.

Icthyovenator fue el primer pescador encontrado en el sureste de Asia, y la forma de su cadera (especialmente corta en la parte del vientre) y de su cola obligó a replantear si algunos parientes suyos como *Spinosaurus* eran semiacuáticos, un debate que sigue abierto ¡desde hace medio siglo!

▶ Sus patas delanteras y traseras serían posiblemente cortas, con poca utilidad salvo para desplazarse fuera del agua, ya que sus presas eran peces.

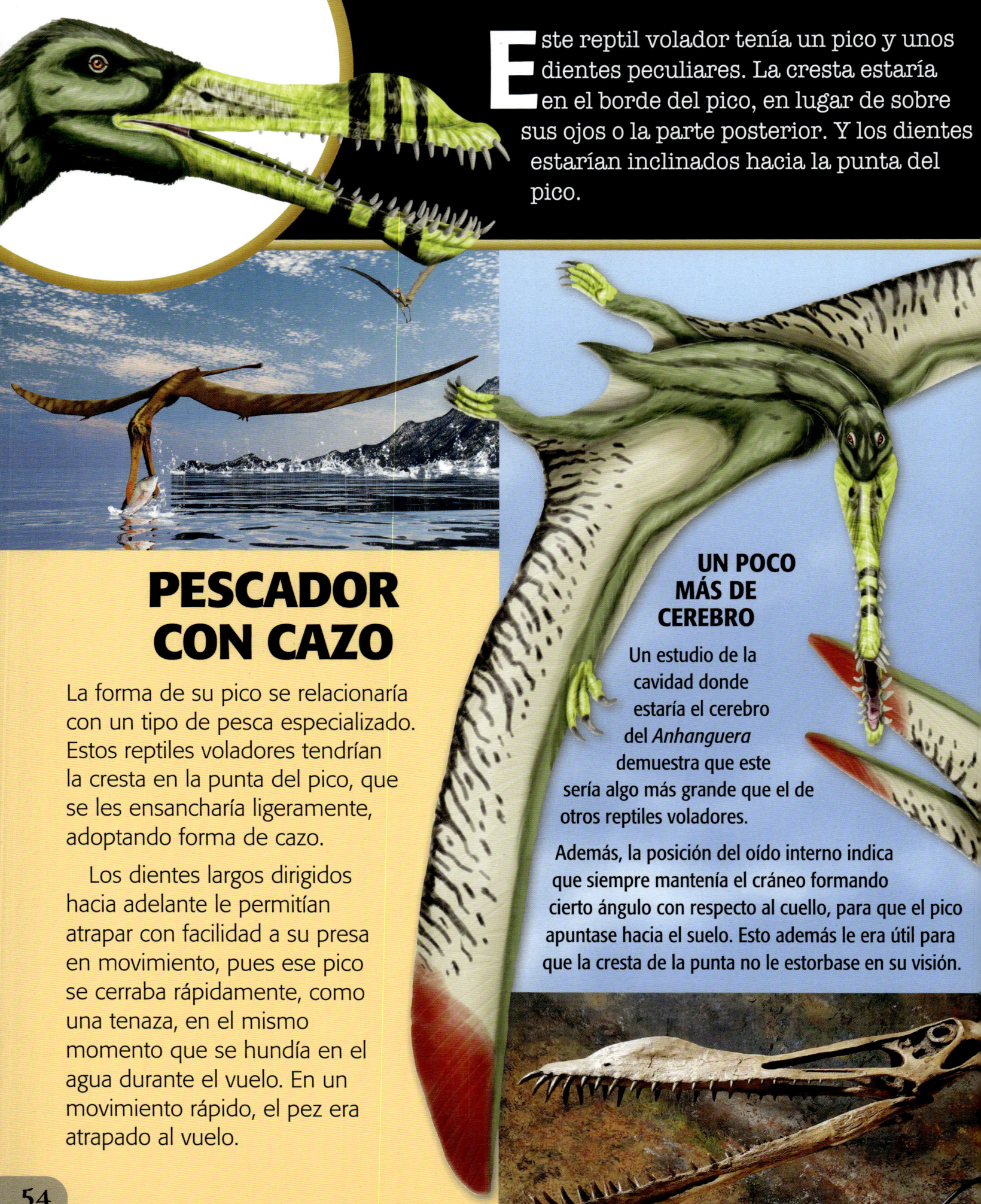

Este reptil volador tenía un pico y unos dientes peculiares. La cresta estaría en el borde del pico, en lugar de sobre sus ojos o la parte posterior. Y los dientes estarían inclinados hacia la punta del pico.

PESCADOR CON CAZO

La forma de su pico se relacionaría con un tipo de pesca especializado. Estos reptiles voladores tendrían la cresta en la punta del pico, que se les ensancharía ligeramente, adoptando forma de cazo.

Los dientes largos dirigidos hacia adelante le permitían atrapar con facilidad a su presa en movimiento, pues ese pico se cerraba rápidamente, como una tenaza, en el mismo momento que se hundía en el agua durante el vuelo. En un movimiento rápido, el pez era atrapado al vuelo.

UN POCO MÁS DE CEREBRO

Un estudio de la cavidad donde estaría el cerebro del *Anhanguera* demuestra que este sería algo más grande que el de otros reptiles voladores.

Además, la posición del oído interno indica que siempre mantenía el cráneo formando cierto ángulo con respecto al cuello, para que el pico apuntase hacia el suelo. Esto además le era útil para que la cresta de la punta no le estorbase en su visión.

ANHANGUERA
PICO TENAZA

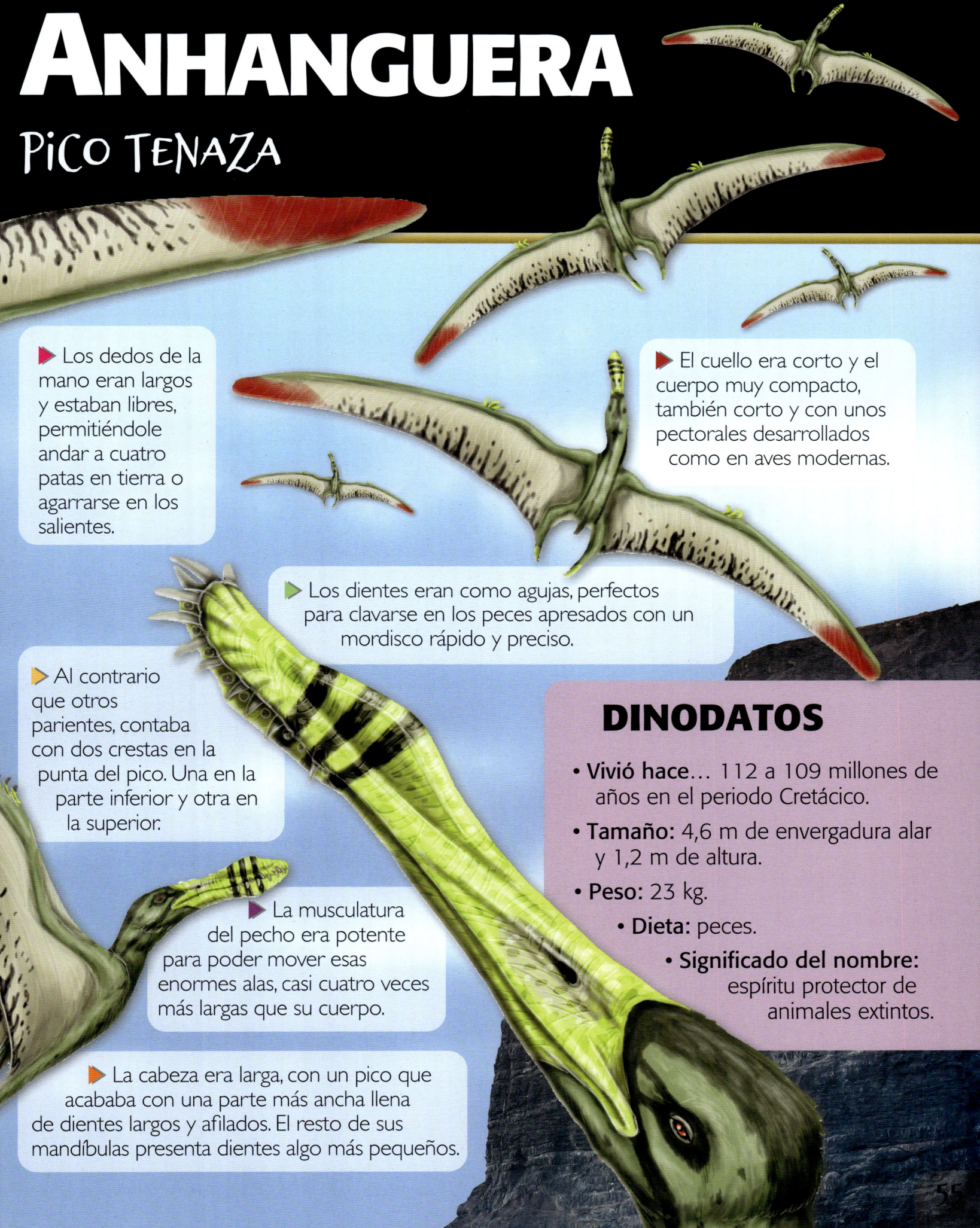

▶ Los dedos de la mano eran largos y estaban libres, permitiéndole andar a cuatro patas en tierra o agarrarse en los salientes.

▶ El cuello era corto y el cuerpo muy compacto, también corto y con unos pectorales desarrollados como en aves modernas.

▶ Los dientes eran como agujas, perfectos para clavarse en los peces apresados con un mordisco rápido y preciso.

▶ Al contrario que otros parientes, contaba con dos crestas en la punta del pico. Una en la parte inferior y otra en la superior.

▶ La musculatura del pecho era potente para poder mover esas enormes alas, casi cuatro veces más largas que su cuerpo.

▶ La cabeza era larga, con un pico que acababa con una parte más ancha llena de dientes largos y afilados. El resto de sus mandíbulas presenta dientes algo más pequeños.

DINODATOS

- **Vivió hace…** 112 a 109 millones de años en el periodo Cretácico.
- **Tamaño:** 4,6 m de envergadura alar y 1,2 m de altura.
- **Peso:** 23 kg.
- **Dieta:** peces.
- **Significado del nombre:** espíritu protector de animales extintos.

El *Iguanodon* es uno de los primeros dinosaurios descubiertos en el mundo. Todo comenzó en 1822 con el hallazgo de un diente similar al de las iguanas por Mary Ann, la esposa del famoso paleontólogo Gideon Mantell, en Reino Unido.

BUENA DEFENSA

A medida que se descubrieron más huesos sorprendió el hallazgo de una púa de varios centímetros. Por entonces no se conocía el aspecto de un dinosaurio, y se lo imaginaron como una iguana de varios metros y varias toneladas, con esta púa ¡en la nariz! Esta reconstrucción de principios del siglo XIX está aún expuesta en el Crystal Palace, en Londres, Reino Unido.

Al poco descubrieron que en realidad esta púa estaría en el pulgar, y sería una defensa contra aquellos depredadores que se aproximasen con pocos modales. Además, esta uña larga y afilada tendría diferente tamaño entre machos y hembras. Los machos combatirían entre ellos golpeándose con esta mortal garra.

DINODATOS

- **Vivió hace…** 145 a 109 millones de años en el periodo Cretácico.
- **Tamaño:** 10 m de longitud y 2,7 m de altura.
- **Peso:** 8,3 toneladas.
- **Dieta:** plantas a ras del suelo o ramas bajas de cícadas.
- **Significado del nombre:** diente de iguana.

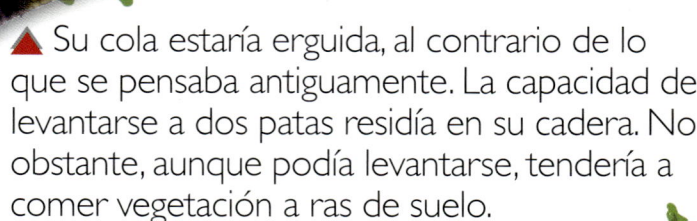

▲ Su cola estaría erguida, al contrario de lo que se pensaba antiguamente. La capacidad de levantarse a dos patas residía en su cadera. No obstante, aunque podía levantarse, tendería a comer vegetación a ras de suelo.

▶ Sus manos tenían dedos anchos y fuertes para apoyarse. Con esa uña afilada y de grandes dimensiones en el pulgar, ¡daría un abrazo mortal a sus depredadores!

IGUANODON
HERBÍVORO EN MANADA

YACIMIENTO DE BERNISSART

Este dinosaurio es uno de los mejor conocidos, debido a que se encontraron 28 esqueletos fósiles completos en una mina de Bernissart (Bélgica).

▶ Tendría un cráneo alargado, similar al de un caballo, y una buena musculatura que le permitiría masticar de manera similar a los mamíferos, triturando las hojas.

▲ Al final de la boca tenía un pequeño «pico» sin dientes, seguramente recubierto de queratina, para cortar la vegetación.

▲ Dentro de la boca tenía filas de sus dientes de iguana característicos, dispuestos de forma que no solo cortasen, sino que también desmenuzaban la comida al masticar en una acción parecida a nuestras muelas.

▶ Al contrario que otros parientes cercanos, *Iguanodon* poseía unas patas delanteras robustas, casi tanto como las traseras. Esto le permitiría una postura semicuadrúpeda, así como defenderse con su púa al levantarse sobre dos patas.

Este pequeño pariente del gigantesco *Triceratops* andaría sobre dos patas, buscando pequeña vegetación que comer o materiales para fabricar los nidos para su manada.

Tenemos la suerte de haber hallado fósiles de manadas o sus nidos en Mongolia y China. Permiten conocer algunos de sus comportamientos sociales, como por ejemplo, que los juveniles al abandonar el nido formarían grupos de su edad y serían el comienzo de una nueva manada. O que los más pequeños durante su primer año o mientras habitaban el área de nidificación estarían al cuidado de una hembra adulta.

UN DESPLIEGUE DE COLOR

Uno de los fósiles de *Psittacosaurus* conserva parte de su piel escamosa y también las plumas del inicio de su cola. Estas plumas son excepcionalmente largas y seguramente las utilizaría para comunicarse entre miembros de su especie.

▲ Tendría largas plumas al inicio de la cola, posiblemente como largos filamentos que recordarían a las plumas de la cabeza de una grulla.

Además, el estudio de la estructura de sus escamas bajo el microscopio ha permitido saber que tendría una coloración algo más oscura en el lomo, para camuflarse en áreas boscosas, parecida a la de los ciervos actuales. En las patas traseras presentaría rayas o formas similares para confundir a sus depredadores, como hoy en día las cebras.

Psittacosaurus
Pico de loro

▶ Su cráneo era peculiar, con ese gigantesco pico y dos protuberancias a cada lado para dificultar la agresión de posibles carnívoros. Tendría unos grandes ojos que le proporcionarían una buena visión en los bosques que habitaba.

▲ Sus mandíbulas tendrían filas de dientes cortantes para masticar la vegetación.

▲ El estudio de su cráneo ha permitido conocer el tamaño de su cerebro, mayor que otros parientes, como *Triceratops*. Sería más hábil, con mejor olfato, y de comportamientos sociales similares a los de las aves actuales: también construiría nidos.

◀ Sus patas delanteras serían demasiado cortas para moverse como cuadrúpedo, y las utilizaría para ayudarse en otras tareas; ¡aunque no para alimentarse!, ya que no le llegarían a la boca.

◀ Sus patas traseras eran gráciles para moverse con rapidez, y lo suficientemente resistentes para soportar su peso a dos patas.

DINODATOS

- **Vivió hace…** 145 a 105 millones de años en el periodo Cretácico.
- **Tamaño:** 2 m de longitud y 1,1 m de altura.
- **Peso:** 4,1 a 9,4 kg.
- **Dieta:** vegetación baja, frutos, raíces.
- **Significado del nombre:** lagarto loro.

Un dinosaurio de garra terrible. Una máquina de matar perfecta que cazaría en manada, un grupo capaz de tumbar a cualquier presa. Aunque también tendría su lado más familiar, cuidando las crías entre todos los miembros del grupo. ¡Los pequeños observarían y aprenderían de los adultos!

▲ Su cráneo era algo más corto que en sus otros parientes. Presenta los ojos dirigidos al frente, lo que le proporcionaba una vista tan buena como un águila. Su musculatura le permitiría una dentellada poderosa con la que desgarrar carne o perforar hasta el hueso con sus dientes afilados.

▶ Sus garras delanteras eran de las más temibles incluso entre miembros de su familia. Le permitirían agarrar a su presa para poder efectuar su coz letal con la garra del pie. Además, permitiría a las crías trepar a árboles para estar más seguras.

UN GRAN DESCUBRIMIENTO

Su descripción en los años 60-70 por John Ostrom es considerada uno de los mayores descubrimientos de la paleontología de dinosaurios del siglo xx, no solo por lo terrible que era. Conocer que existió un dinosaurio depredador tan ágil y activo ¡y de sangre caliente!, con capacidad de coordinarse, rompía con la idea de dinosaurios lentos y de sangre fría.

◀ Sus patas eran gráciles pero musculosas, y le permitían efectuar una potente patada o saltar a gran altura cuando atacaba a su presa.

Gracias al estudio de este depredador comenzó lo que se conoce como «Dinosaur Renaissance», la visión que tenemos en la actualidad de los dinosaurios como animales activos, ágiles y dinámicos, en lugar de lagartos gigantes y torpes.

DINODATOS

- **Vivió hace…** 125 a 100 millones de años en el periodo Cretácico.
- **Tamaño:** 3,5 m de longitud y casi 1 m de altura.
- **Peso:** 97 kg en adultos.
- **Dieta:** presas de diversos tamaños, incluso varias veces más grandes que él.
- **Significado del nombre:** garra terrible.

Deinonychus
MÁQUINA DE MATAR

CAZADOR SISTEMÁTICO

Filas de dientes afilados, una vista aguda, garras de las manos como puñales y una gigantesca garra curva retráctil en el segundo dedo del pie como una hoz con la que acabar con sus presas. ¿Qué podría dar más miedo en este terópodo? ¡Pues que además estuviesen coordinados!

No solo sería un excelente cazador armado hasta los dientes; además, las manadas se coordinarían en la caza. ¡Podrían hasta con herbívoros que multiplicasen su tamaño!

🔺 Esta cola no solo era excepcionalmente larga y la usaría de timón en su carrera, sino que también era extremadamente rígida gracias a unos huesos alargados que se entrelazaban en la base de sus vértebras. La usaría para catapultarse durante el salto o mantener el equilibrio mientras apresaba a su víctima.

◀ Su cadera tenía una musculatura excepcional, y permitía una movilidad enorme en vertical a la cola, que actuaría de «palanca» para realizar el salto o equilibrarse al patear con su garra.

◀ Esta garra mortal sería su arma más temida, curvada y afilada, y ¡de hasta 15 cm!, capaz de clavarse con facilidad en su presa o destriparla.

Se le ha comparado y apodado la gacela o cervatillo del Cretácico. Este pequeño dinosaurio herbívoro se desplazaría en grupo y sería uno de los ornitisquios mejor adaptados para correr.

HERBÍVORO EXITOSO

Pangea ya estaría separándose durante el Cretácico, con poca o ninguna conexión entre Europa y Norteamérica por la apertura del océano Atlántico. No obstante, en muchos ecosistemas del inicio del Cretácico habitaría un *Hypsilophodon* o pariente muy cercano entre los herbívoros de pequeño tamaño. Estos pequeños comedores de vegetación baja, frutos o raíces se han encontrado en yacimientos tanto de Estados Unidos como en muchos lugares por toda Europa.

Además de cuidar de sus huevos, también se sabe que vivía en manadas, donde supuestamente un macho dominante dirigiría al grupo. En él habría unas normas y unas conductas a seguir por el bien de todos los miembros de la manada.

▲ Su cola era larga, con la parte más alejada del cuerpo rígida, y le ayudaría a equilibrarse en su carrera al huir de cualquier amenaza.

Hypsilophodon
Herbívoro con pico de loro

¿LAGARTIJA-CANGURO?

Su descubrimiento a finales del siglo XIX coincidía con el primer cambio de mentalidad acerca de cómo serían los dinosaurios. Cada vez estaba más claro que no serían los equivalentes a lagartos actuales de mayor tamaño, sino animales más gráciles, con más movimiento, algunos de ellos bípedos. ¡Entre las primeras reconstrucciones de *Hypsilophodon* se lo imaginaban como una lagartija-canguro de varios metros! ¡O incluso un dinosaurio trepador!

¡Vaya cambio desde las primeras hipótesis hasta conocer que sería un pequeño herbívoro que correría a dos patas, con hábitos similares a los de los ciervos actuales!

DINODATOS

- **Vivió hace…** 145 a 100 millones de años en el periodo Cretácico.
- **Tamaño:** 2 m de longitud y 60 cm de altura.
- **Peso:** 24 kg.
- **Dieta:** vegetación baja, raíces, aunque posiblemente también fuese omnívoro.
- **Significado del nombre:** diente protuberante.

▲ La cabeza tenía una forma de triángulo peculiar. Era muy corta y grande para un ornitisquio tan pequeño.

▲ Su dentición era similar a la de otros dinosaurios herbívoros primitivos. Tenía un pico en la punta que le serviría para arrancar o partir la vegetación más dura.

◀ Sus patas traseras eran gráciles y alargadas, y le permitían una carrera rápida para huir de los posibles depredadores que intentasen cazarle.

Un cambio importante en la fauna de dinosaurios herbívoros del Jurásico al Cretácico fue la sustitución de los ornitisquios con placas en la espalda como *Stegosaurus* por sus primos con armadura corporal, como *Sauropelta*, uno de los más primitivos conocido.

CORAZA RESISTENTE

Estos herbívoros comerían plantas bajas con pocas preocupaciones de ser emboscados por los terópodos más pequeños, e incluso resistiéndose a los grandes depredadores: ¡toda su espalda estaba recubierta de una gruesa armadura de hueso!

Desde la cabeza a la cola, docenas de placas pequeñas se distribuirían por el dorso. A los lados de las zonas más vulnerables del cuello y sobre los hombros tendría unas espinas alargadas de varios centímetros que harían pensarse dos veces a cualquier carnívoro si merecía la pena atacarle.

▶ Las placas de hueso (también conocidas como osteodermos) de la espalda serían algo más pequeñas que las del cuello y las púas de sus flancos. Formarían filas apretadas hasta la cadera.

▶ Sobre la cadera los osteodermos son algo más grandes que los que forman el patrón compacto sobre la espalda o la cola.

DINODATOS

- **Vivió hace…** 125 a 100 millones de años en el periodo Cretácico.
- **Tamaño:** 7,6 m de longitud y 1,8 m de altura.
- **Peso:** 3 toneladas.
- **Dieta:** vegetación baja de bosques o raíces.
- **Significado del nombre:** lagarto escudo.

▶ Sus patas eran robustas para soportar su peso y moverse con seguridad. Se posarían sobre sus dedos anchos y la mano abierta.

▲ Su cola parecería una sierra vista desde arriba.

Sauropelta
Dinosaurio con armadura

Osteodermo de *Sauropelta*

BASTANTE CONOCIDO

Podemos saber cómo es la coraza de *Sauropelta* y reconstruir el peculiar puzle de placas óseas de su armadura gracias a que se han encontrado fósiles bastante completos con partes de esta coraza, con todas las placas en el orden que tendrían sobre su cuerpo. Además de esto, sabemos qué tipo de huellas dejaba. Es difícil atribuir una huella de dinosaurio a una especie en concreto, pero la forma de la mano del *Sauropelta* le delata, y podemos afirmar que algunas huellas encontradas en British Columbia, en Canadá, serían suyas.

◀ ¡Las espinas de los hombros serían más largas que las púas de la cola del *Stegosaurus*!

▼ Sobre sus hombros y cuello tenía 6 placas grandes y robustas, y a los lados 8 púas que aumentaban de tamaño según se acercaban a los hombros.

▶ Otra diferencia con sus primos de la familia de los *Stegosaurus*, además de la falta de placas, es la forma más ancha de su cabeza. Poseía un pico córneo pequeño y el resto de la mandíbula tendría filas de dientes preparados para cortar y masticar plantas y raíces.

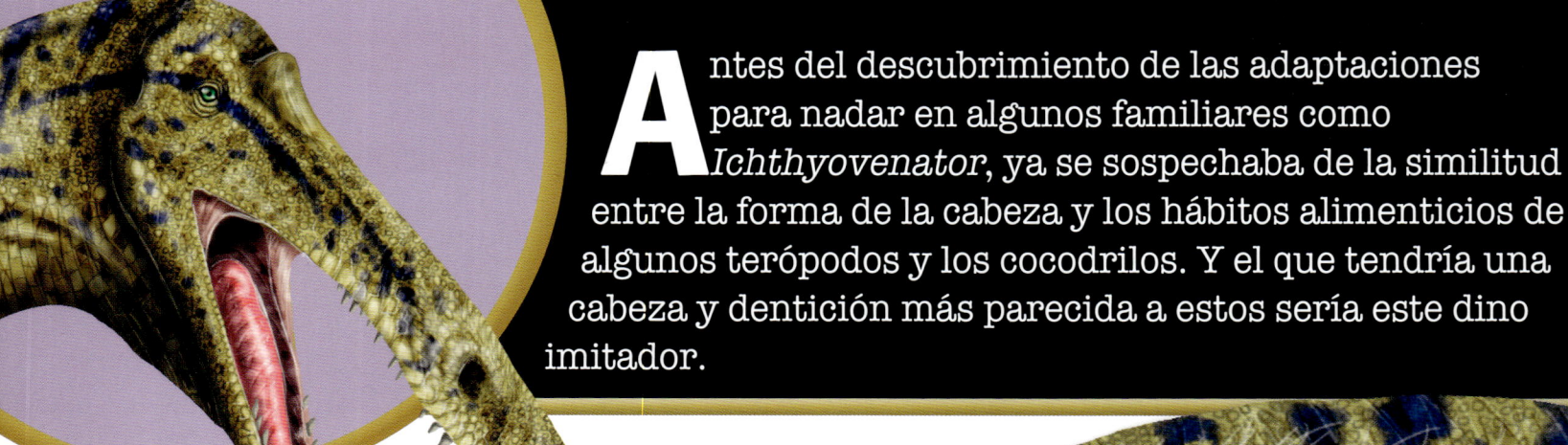

Antes del descubrimiento de las adaptaciones para nadar en algunos familiares como *Ichthyovenator*, ya se sospechaba de la similitud entre la forma de la cabeza y los hábitos alimenticios de algunos terópodos y los cocodrilos. Y el que tendría una cabeza y dentición más parecida a estos sería este dino imitador.

Aunque la forma de su cráneo recuerda a un cocodrilo, sería un pescador terrestre. Además, esta apariencia inicial tiene truco: ¡era mucho más delgado!, ya que *Suchomimus* conservaba su cuerpo de terópodo, con un cráneo delgado y un cuerpo no muy ancho.

Sus brazos además estarían adaptados para sobrevivir fuera del agua, con una musculatura excepcional que partía desde las escápulas y una fusión de las clavículas parecida a la de las aves, lo que permitiría un golpe bastante fuerte con sus poderosas garras.

▲ Las vértebras del inicio de su cola y su cadera tendrían las espinas altas, por lo que la joroba o «vela» corta de su espalda se prolongaría hasta el inicio de su cola.

PESCANDO CON SUS MANOS

Este terópodo se alimentaría principalmente de peces según se deduce de la forma alargada de su cráneo y dentición similar a los cocodrilos. Pero al contrario de estos, este dinosaurio no viviría principalmente en el agua. Se acercaría a las riberas o las playas de los lagos y hundiría su hocico en el agua o se ayudaría de sus poderosas garras ¡como un oso cuando pesca!

▶ Su cadera y patas traseras recuerdan a las de otros terópodos terrestres parientes suyos. No tendría una musculatura poderosa para perseguir en carrera, eso sí.

Suchomimus
Zarpazo poderoso

DINODATOS

- **Vivió hace...** 125 a 100 millones de años en el periodo Cretácico.
- **Tamaño:** 11 m de longitud y algo más de 4 m de altura.
- **Peso:** 2,9 toneladas.
- **Dieta:** peces y carroña.
- **Significado del nombre:** imitador de cocodrilos.

▼ Sus patas delanteras eran excepcionalmente largas y móviles, con unas poderosas garras en cada uno de sus tres dedos, especialmente en el primero. Las utilizaría para sacar peces del agua de un zarpazo o despedazar carcasas de carroña. ¡Su garra del primer dedo mediría hasta 20 cm de largo!

▼ La cabeza alargada recuerda a la de un cocodrilo, aunque sería mucho más alta.

▶ La mordedura era demasiado débil para desgarrar carne durante la caza, pero también podría ser carroñero.

▶ La boca era ligera, con una pequeña curvatura cerca de la punta parecida a la de los cocodrilos y estaba llena de dientes cónicos perfectos para devorar peces.

Uno de los carnívoros más grande conocido, y bien preservado. Su esqueleto rivaliza con otros grandes depredadores como el Tiranosaurio. Este terópodo se sentiría cómodo entre la fauna de dinosaurios gigantes que habitaba Argentina en el Cretácico.

SUPERDEPREDADOR ENTRE GIGANTES

Posiblemente era el mayor depredador de su hábitat, dominado por otros gigantes. Parece que casi todos los dinosaurios de la formación Candeleros (Argentina) eran gigantes. Con esos vecinos y presas tan grandes, el *Giganotosaurus* solo podía coronarse como superdepredador por su inmenso tamaño.

▶ ¡Posiblemente ¡alcanzaría los 50 km/h pese a su tamaño descomunal!

▶ El *Giganotosaurus* está casi en los límites de masa corporal que un depredador terrestre de dos patas puede llegar a alcanzar.

◀ Sus patas traseras eran gruesas y extremadamente musculosas, ya que cazaría sorprendiendo a su presa.

DINODATOS

- **Vivió hace…** 100 a 93 millones de años en el periodo Cretácico.
- **Tamaño:** 13 m de longitud y 5,5 m de altura.
- **Peso:** entre 14 y 15 toneladas.
- **Dieta:** otros dinosaurios, incluyendo depredadores menores o saurópodos.
- **Significado del nombre:** lagarto gigante del Sur.

Giganotosaurus
Depredador Gigantesco

▼ Su cráneo alargado y gigantesco no solo estaría armado de dientes: los ojos estarían dirigidos ligeramente hacia adelante, por lo que tendría una buena visión, además de un olfato excepcional para descubrir a sus presas.

▲ La base de su cráneo permitía una buena movilidad del cuello, que podía girar rápidamente. Además, la forma de los huesos de la mandíbula le daban una mordedura más rápida que en sus otros parientes, ¡útil para atrapar una presa rápida que tratase de huir o defenderse!

▲ Sus brazos eran algo cortos, y la musculatura de sus hombros algo más reducida que en otros parientes. Usaría sus garras también para ayudarse a sujetar a su presa, pero no como una de sus armas principales.

CAZADOR SUPREMO

Su cráneo era alargado y casi del tamaño de una moto, capaz de tragar a una persona adulta entera de un solo mordisco. Sus mandíbulas contarían con aproximadamente 76 dientes curvos y serrados de hasta 15 cm para desgarrar carne. La mordedura no sería tan poderosa como la de un Tiranosaurio, pero sería capaz de desgarrar grandes porciones de carne durante el ataque a su presa con una sola de sus rápidas y poderosas dentelladas, por lo que no le haría falta triturar huesos.

Los fósiles de este dinosaurio fueron destruidos durante la Segunda Guerra Mundial y desde entonces solo podía estudiarse por descripciones y fotografías de la época. Hasta hace unos años, que se descubrieron nuevos ejemplares ¡y revolucionaron todo lo que pensábamos sobre él!

DINO CON MUCHA HISTORIA DETRÁS

Pocos dinosaurios han cambiado tanto la forma de verlo y ha quedado tan bien registrado como este. Podemos encontrar aún las fotos del montaje y las ilustraciones de principios del siglo XX, antes de la destrucción de sus primeros fósiles. Ha aparecido en el cine, enfrentándose por ser el superdepredador dominante en combate contra el Tiranosaurio. Hoy en día es de los terópodos más grandes conocidos, pero sabemos que su dominio no era en tierra: ¡cuidado al navegar en un río del Cretácico del norte de África si veías su inmensa vela en el agua!

NADADOR GIGANTESCO

Este enorme terópodo sería más grande incluso que un Tiranosaurio. Además, sus primeros restos indicaban que tenía una vela enorme sobre su espalda, y una mandíbula que recordaba a la de un cocodrilo. La mandíbula y sus dientes no parecían delatar a un cazador.

El descubrimiento de nuevos restos indicaron que era semiacuático. Sus patas traseras serían cortas y más adaptadas a impulsar ese enorme cuerpo junto con su poderosa y larga cola. La mandíbula sería la de un depredador acuático y hábil pescador. Y además, tendría unas garras enormes en sus extremidades delanteras.

▲ Su cola era larga, flexible y musculosa, perfecta para impulsarse en los ríos que habitaba.

SPINOSAURUS
DEPREDADOR CON VELA

DINODATOS

- **Vivió hace…** 125 a 93 millones de años en el periodo Cretácico.
- **Tamaño:** 16 m de longitud y hasta 4 m de altura con su vela.
- **Peso:** 6,4 a 7,5 toneladas.
- **Dieta:** peces, tiburones, cocodrilos y otros animales que se acercasen al agua.
- **Significado del nombre:** reptil con espina.

▼ En la espalda tenía una gigantesca vela, que alzaba más de dos veces la altura de su torso. Aún no se sabe si sería para regular su temperatura, si le servía para exhibirse ante otros miembros de su especie, o para que le viesen fuera del agua.

◀ Este cráneo recuerda al de un cocodrilo y era alargado y repleto de dientes cónicos capaces de cerrarse rápidamente sobre cualquier pez o presa que se acercase al agua y atraparla con facilidad.

◀ Tenía un cuello excepcionalmente largo y flexible, capaz de reaccionar a las fintas e intentos de escapar de sus presas acuáticas.

◀ Sus patas delanteras eran casi tan largas como las traseras y poseía tres grandes garras curvas que también podría utilizar para sujetar presas, aunque no para llevarse algo a la boca.

◀ Sus patas traseras tendrían una potente musculatura.

Cuando hablamos de «pequeño» en un saurópodo, estamos hablando de animales ¡más grandes que un elefante! Y aunque no es de los saurópodos más pequeños conocidos, *Diamantinasaurus* mediría «solo» 15 m de largo.

NUEVOS CONTINENTES

Durante el Cretácico la separación de las masas continentales que formaban Gondwana, la parte sur del supercontinente Pangea, dio lugar a masas continentales como India, Australia o la Antártida. En esta separación de la Antártida y Australia, parte de lo que hoy es Australia estaría sumergida y habría pequeñas islas, donde habitaba este saurópodo.

FAUNA DE LAS ISLAS

Posiblemente estos saurópodos algo más pequeños están ligados a las islas que formarían la actual Australia durante el Cretácico. Las faunas de herbívoros tienden a ser algo más pequeñas en islas, si se compara su tamaño con el de sus parientes del continente.

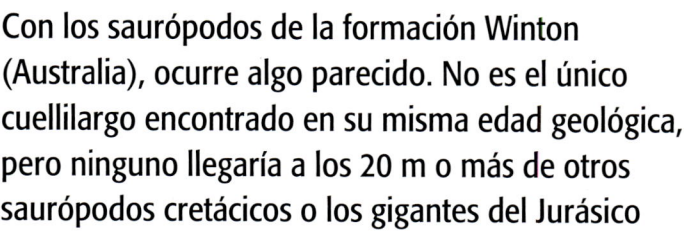

Con los saurópodos de la formación Winton (Australia), ocurre algo parecido. No es el único cuellilargo encontrado en su misma edad geológica, pero ninguno llegaría a los 20 m o más de otros saurópodos cretácicos o los gigantes del Jurásico vistos.

▶ En estos saurópodos cretácicos las patas se arquearían un poco, en lugar de ser rectas, como adaptación para soportar mejor su peso, ¡incluso en las especies más pequeñas como el *Diamantinasaurus*! Esta separación es reconocible también en sus huellas, aunque sus patas no están tan arqueadas como las de los cocodrilos.

DIAMANTINASAURUS
Pequeño titán

▼ Pese a su cuerpo ancho y robusto, tenía cámaras de aire y vértebras huecas desde el cuello a la cola.

▼ Las vértebras de la espalda eran mucho más anchas que altas, algo más robustas que en parientes cercanos y, aunque parezca contradictorio, mucho más grandes en proporción al resto de huesos.

▼ También se conoce bien su cadera, ¡que es inusualmente corta y gruesa!

▶ Al igual que otros saurópodos, su cráneo sería ligero y pequeño en comparación al resto de su cuerpo, con una dentición útil para cortar vegetación de los árboles pero no para masticarla.

DINODATOS

- **Vivió hace…** 97 a 89 millones de años en el periodo Cretácico.
- **Tamaño:** 115 m de longitud y hasta 3 m de altura.
- **Peso:** 23 toneladas.
- **Dieta:** vegetación de las ramas de coníferas y ginkgos.
- **Significado del nombre:** reptil del río Diamantina.

▶ Lo que mejor se conoce son sus patas. Concretamente la anterior, con un húmero ancho y un antebrazo robusto terminado en dedos anchos, cortos y fuertes, aunque como otros saurópodos se apoyaría sobre su punta. Sus robustas patas traseras recuerdan a las de un elefante.

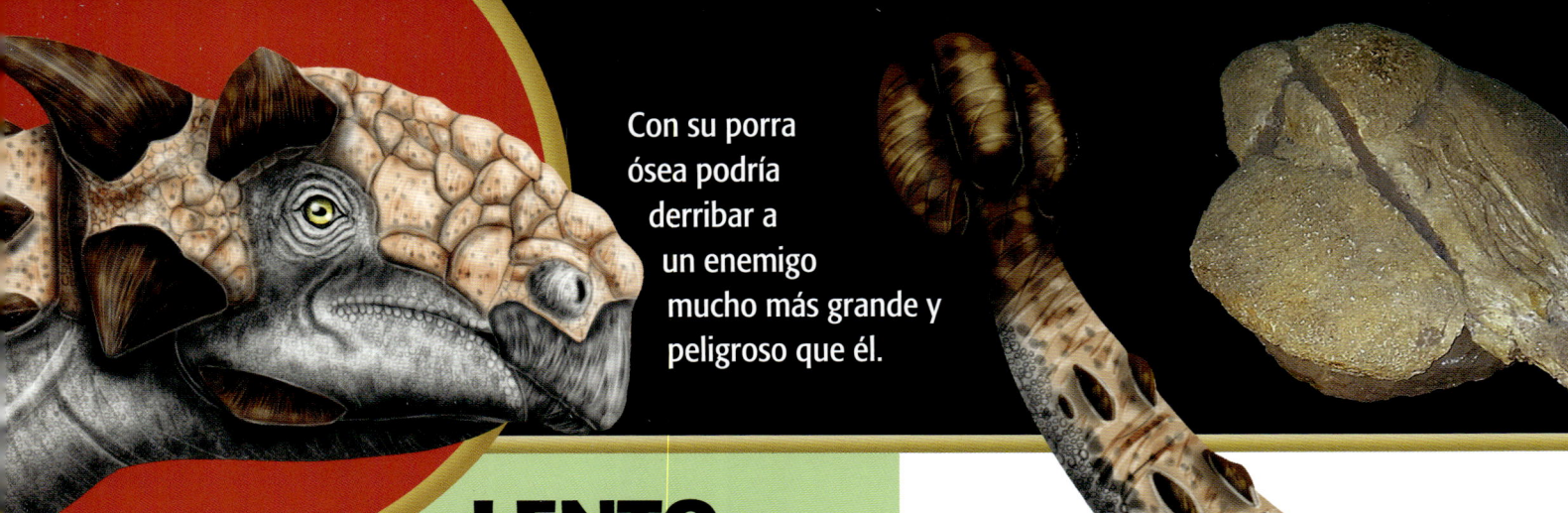

Con su porra ósea podría derribar a un enemigo mucho más grande y peligroso que él.

LENTO PERO SEGURO

Este dinosaurio tenía un perfil bajo, con patas cortas y rechonchas, y un cuerpo de tonel alargado y ancho. Su fuerte desde luego no sería la velocidad. Viviría una vida apacible, comiendo raíces y vegetación baja, ¡pero cómo iba a estar tranquilo con esos vecinos depredadores tan terribles! Porque en la fauna de la formación Bayan Shiren (Mongolia) se han encontrado terribles parientes de *Deinonychus* o *Gigantoraptor*.

Para ello tendría un arma perfecta: ¡una maza ósea al final de la cola! Al igual que los parientes del *Stegosaurus* hacían con las púas de su cola, *Talarurus* agitaría su porra y algún terópodo envalentonado acabaría con un hueso roto y sin comida.

▲ Al final de su cola tenía una porra que recuerda a una cesta de mimbre, ancha y curvada. ¡Cuidado con las espinillas, terópodos!

▶ Su cuerpo recuerda al de un hipopótamo, grueso y bajo con unas patas robustas.

▶ Los dedos de sus patas anteriores y posteriores eran muy anchos, para soportar su peso. Las patas traseras eran especialmente fuertes, al igual que su musculosa cadera. Pero no sería para correr, ¡sino para agitar esa terrible porra que tenía en la cola!

VECINOS BIEN AVENIDOS

El *Talarurus* no es el único ornitisquio con armadura encontrado en la formación Bayan Shireh (Mongolia), ya que conviviría con otro pariente cercano, el *Tsagantegia*, repartiéndose su lugar en el ecosistema. Mientras que este ramoneaba en las partes bajas de algunos árboles o comía helechos, el *Talarurus* se especializaría en vegetación a ras del suelo o incluso raíces.

TALARURUS
Dinosaurio con porra

DINODATOS
- **Vivió hace...** 100 a 84 millones de años en el periodo Cretácico.
- **Tamaño:** 6 m de longitud y 1,8 m de altura.
- **Peso:** 1 o 2 toneladas.
- **Dieta:** vegetación a ras de suelo o raíces.
- **Significado del nombre:** cola con cesta.

Algunos dinosaurios ornitisquios no solo tendrían una armadura corporal, sino una maza de hueso en la cola con la que defenderse. No iban a quedarse quietos esperando que un terópodo encontrase la forma de morderles en las zonas desprotegidas de osteodermos y púas: ¡un golpe en la pata les haría alejarse!

▼ La cabeza era más ancha que en otros ornitisquios armados, casi más ancha que larga, con protuberancias que hacían difícil morder la base de su cuello.

▲ A lo largo de su cuerpo se distribuían osteodermos gruesos para conformar su armadura, aunque esta no era rígida y había cierto espacio entre las placas. En el inicio de su cuello, además, tenía varias púas que resguardaban esta zona tan delicada.

▲ En este cráneo ancho, tendría un pico cortante y una dentición perfecta para triturar vegetación dura.

CITIPATI
NO SIN MIS HUEVOS

PADRES SOLÍCITOS

Su nombre viene de una leyenda tibetana. Los Citipati eran dos monjes asesinados mientras meditaban y se les representa como un par de esqueletos que danzan rodeados de llamas. Los paleontólogos los recordaron cuando descubrieron los fósiles de los primeros *Citipatis* en el desierto del Gobi, Mongolia, en una posición que recuerda a la meditación.

Además, sabemos que esta postura sería porque estaría incubando huevos, y el primero de esos esqueletos se le conoce de manera informal como *Mamá grande*. También se han encontrado nidos con esqueletos de las crías de *Citipati* dentro del huevo o mientras salían. A la manada le gustaba hacer sus nidos juntos para protegerse unos a otros y cuidar de las crías cuando rompieran el cascarón. ¡Incluso se han encontrado restos de otro pequeño terópodo que posiblemente intentase cazar a una de estas crías sin que se enterasen los *Citipati* adultos!

AVESTRUZ DEL CRETÁCICO

El esqueleto de *Citipati* recuerda a un emú o avestruz actuales. Caminaría rebuscando entre la vegetación pequeños animales para comer y se lanzaría a una rápida carrera en caso de peligro, ¡o una carga con su afilado pico si amenazaban a sus crías!

▶ Sus patas traseras eran gráciles pero musculosas, y le permitirían correr a gran velocidad de forma explosiva, parecido a como hacen los emús al sentirse amenazados.

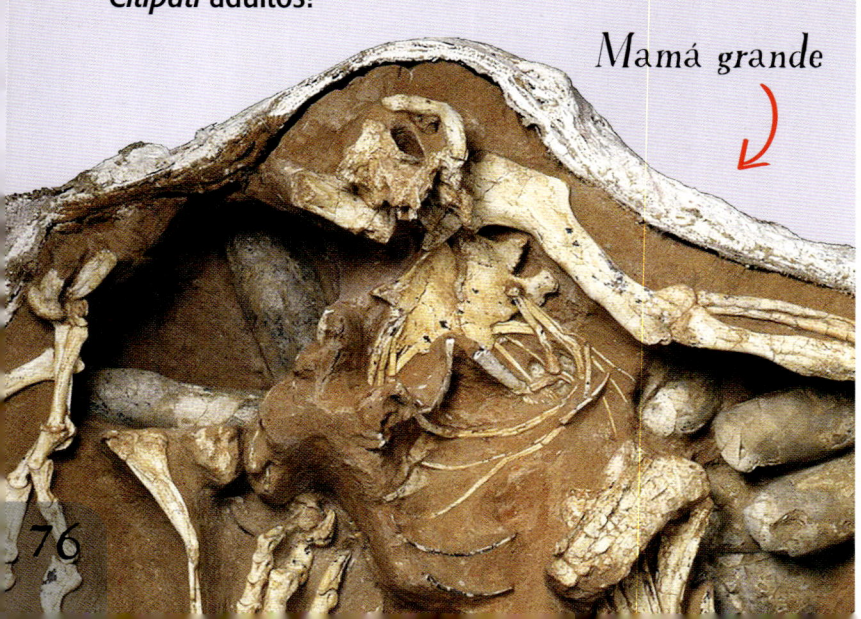

Mamá grande

Algunos fósiles del *Citipati* demuestran que incubaría los huevos en una postura similar a la de algunas aves actuales, cubriéndoles casi completamente con el cuerpo y su posible plumaje. Pero estos terópodos serían parientes lejanos de las aves.

Es poco habitual encontrar huevos de dinosaurios con fósiles de sus crías aún en el interior y por tanto atribuir un tipo de huevo a una especie concreta. Por suerte esto no ocurre en *Citipati*, del que se han encontrado áreas de nidos enteras.

▶ El *Citipati* tenía un cráneo ligero, frágil y bastante hueco.

▶ Su boca terminaría en un pico de gran tamaño. Su dieta sigue intrigando a los científicos, ya que no tendría dientes, solo su pico. Se cree que sería al menos parcialmente carnívoro por similitud a otros parientes cercanos.

DINODATOS

- **Vivió hace…** 84 a 72 millones de años en el periodo Cretácico.
- **Tamaño:** 3 m de longitud y 1,15 m de altura.
- **Peso:** 83 a 120 kg.
- **Dieta:** vegetación baja, frutos, raíces.
- **Significado del nombre:** señor fúnebre de la hoguera.

◀ Sus brazos eran largos, con unas manos grandes y terminadas en pequeñas garras que le permitirían apresar y manipular cosas. Posiblemente las usaría para trasladar o colocar sus huevos y construir los nidos. Aunque también podría usarlas para cazar pequeñas presas.

Posiblemente este ornitisquio con gola se movería en manada. Los primeros restos de *Einiosaurus* se encontraron por casualidad en Dino Ridge Quarry (Denver, Colorado, Estados Unidos), y se trata de un grupo de adultos y crías asociados entre sí.

MANADA COMPLETA

La suerte de contar con los fósiles de una manada es que pueden investigarse también algunos comportamientos de su especie, difícil de saber cuando solo se tienen pocos restos o un único fósil. El *Einiosaurus* viviría en manadas donde serían mayoritarios, en este orden, los jóvenes casi adultos, que protegerían a las crías, y solo unos pocos adultos de más de 7 años.

▶ Las patas de *Einiosaurus* eran robustas y musculosas para una posible embestida si alguien amenazaba a la manada.

▶ Mientras que los cuernos o el tamaño de la gola eran muy distintos entre los jóvenes y los adultos, sus patas serían musculosas y fuertes desde los primeros años

EINIOSAURUS
BÚFALO DEL CRETÁCICO

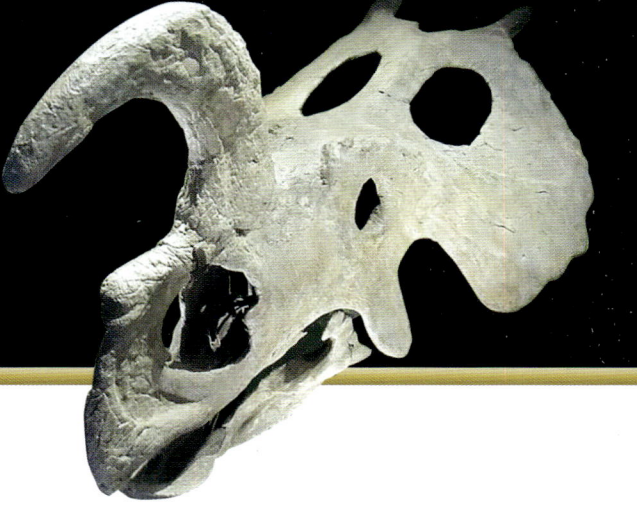

CUERNO CURVADO

Entre los muchos tipos de cráneo que tienen estos dinosaurios con «escudo» en la cabeza, los científicos se sorprendieron al encontrarlo con un cuerno curvado hacia adelante en su nariz.

▶ Su gola tenía un borde ligeramente serrado con dos grandes púas en la parte superior.

¡Además, cambiaría mucho durante su crecimiento! Como se han preservado crías se puede observar que al principio apenas sería un bulto sobre su nariz, luego un pequeño mini-cuerno y ya adulto (¡tras solo 3 o 4 años!), con el paso del tiempo, se volvería cada vez más curvo. Pasaba algo parecido con las dos espinas de la gola.

DINODATOS

- **Vivió hace…** 84 a 72 millones de años en el periodo Cretácico.
- **Tamaño:** 4,5 m de longitud y 2 m de altura.
- **Peso:** 1,3 toneladas los adultos.
- **Dieta:** vegetación baja de todo tipo, incluso dura.
- **Significado del nombre:** lagarto búfalo.

▲ Al igual que sus otros familiares, tenía un cráneo masivo con un pico de loro y un «escudo» o gola en la parte de atrás de su cabeza. Seguramente, como otros parientes, la utilizaría para exhibirse ante otros miembros de la manada o comunicarse. Sobre su nariz destaca el cuerno curvado hacia adelante.

Algunos ornitisquios cuadrúpedos tendrían una «defensa» o «escudo» conocido como gola en la parte posterior de su cabeza. Además, podrían tener dos largos cuernos sobre sus ojos, como el *Albertaceratops*, que además contaría con una zona engrosada sobre su nariz.

▶ La gola posiblemente sería también colorida, tal vez para enfrentarse entre machos y lucirse entre individuos de la misma especie.

▶ Su cuerpo era robusto y grueso y recuerda al de un rinoceronte.

▶ Tendrían una cadera elevada con una musculatura potente entre la pelvis, el inicio de la cola y la pata trasera que les permitiría una carga poderosa.

DINODATOS

- **Vivió hace…** 145 a 105 millones de años en el periodo Cretácico.
- **Tamaño:** 5,8 m de longitud y entre 1,9 y 2,5 m de altura.
- **Peso:** 3,5 toneladas.
- **Dieta:** vegetación del suelo.
- **Significado del nombre:** cara con cuerno de Alberta.

CUERNOS AFILADOS Y ESCUDO DECORADO

El *Albertaceratops* poseía un «escudo» que sería útil para que los terópodos no pudiesen atacar zonas vulnerables de su cuello o flancos y también para comunicarse: ¡por eso tienen formas tan complejas! El *Albertaceratops*, por ejemplo, tendría dos «cuernos» curvados coronando su gola, que no servirían para defenderse, pero formarían parte de esta decoración especial con la que se comunicaban o exhibían entre ellos.

Además, el *Albertaceratops* y sus parientes tendrían una gran diversidad de formas de cabeza con más o menos cuernos, y más o menos protuberancias óseas. En este caso, dos largos cuernos sobre los ojos y un saliente sin cuerno sobre la nariz.

Albertaceratops

Cabeza armada

▼ En la parte baja sobresalían dos púas que completaban la defensa de su gola, protegiendo su cuello vulnerable.

◀ Sobre la nariz tenía un saliente de hueso que utilizaría para golpear a la carga cuando se defendía o quizá para luchar entre los machos de su especie.

◀ Este inmenso pico de loro sería incluso mayor que en otros parientes cercanos. Le serviría para cortar la vegetación más resistente.

¡AQUÍ ESTOY YO!

La gola en la familia del *Albertaceratops* serviría para la comunicación entre los miembros de su especie, por ejemplo, a la hora de buscar pareja o formar jerarquías, ¡pero es posible que incluso haya funcionado entre diferentes especies!

En los yacimientos de los ecosistemas donde habitaba el *Albertaceratops*, suelen encontrarse asociaciones de al menos dos especies distintas especializadas en comer un tipo de plantas y comportarse de cierta manera. Esta especialización podría estar en parte favorecida gracias al reconocimiento entre especies. ¿Y qué es más útil para reconocerse y comunicarse entre sí que ese gigantesco «escudo» que hace de cartel colorido y decorado sobre tu cabeza?

Desde los Pirineos a la costa del sur de Francia se han encontrado múltiples yacimientos con docenas de restos del *Ampelosaurus*. Muchas veces, preparando los terrenos donde se suelen cultivar viñedos para producir el vino. De ahí su nombre.

NIDOS LLENOS DE HUEVOS

El descubrimiento de nidos de saurópodos en yacimientos del Cretácico en Pirineos permite saber que estos saldrían de las zonas boscosas interiores y preferirían zonas cercanas a la costa, o deltas y riberas de ríos, para establecer sus nidos.

Estos nidos cercanos a la costa se dispondrían en círculos, donde la madre *Ampelosaurus* dejaría una docena de huevos. ¡Los adultos no los cuidarían! Ocultarían el nido con los huevos a punto de eclosionar y según fueran naciendo, los saurópodos de varios nidos formarían una nueva manada.

▶ Su cuello era largo y ligero, con huesos huecos al igual que cámaras que conectan con un sistema conocido como «sacos aéreos», relacionado con su sistema respiratorio y parecido al de las aves.

Huevo de Ampelosaurus fosilizado

▲ A lo largo de su espalda y al principio de la cola tenía una fila de osteodermos a cada lado, probablemente más circulares u ovalados los primeros, y los últimos algo más puntiagudos y con recubrimiento queratinoso.

AMPELOSAURUS
SAURÓPODO CON ARMADURA

Osteodermo de Ampelosaurus

ARMADURA, PERO NO DEFENSIVA

Al igual que existen dinosaurios con placas de hueso (osteodermos) que formarían una armadura gruesa protegiendo sus zonas más vulnerables, u otros de patrones más complejos para su visibilidad, el *Ampelosaurus* poseía unas placas óseas con una función muy distinta.

En parte de la espalda y el inicio de la cola tendría unas pequeñas protuberancias y púas cortas a los lados. Estos osteodermos son un tipo de decoración de la piel, pero también una reserva de nutrientes. Es posible que las hembras, a la puesta de las docenas de huevos que hacían de una sola vez, utilizasen estas reservas de calcio para formar los huevos en su interior.

▲ La cabeza del *Ampelosaurus* era proporcionalmente pequeña para el resto de su cuerpo. Sus dientes eran finos y solo podrían cortar las hojas de los árboles. las partes más tiernas.

▶ Sus patas eran robustas para soportar su tonelaje, y las delanteras eran algo más cortas que las traseras.

DINODATOS

- **Vivió hace…** 84 a 71 millones de años en el periodo Cretácico.
- **Tamaño:** 15 m de longitud y cerca de 5 m de altura.
- **Peso:** 2,5 toneladas.
- **Dieta:** hojas de los árboles.
- **Significado del nombre:** lagarto del viñedo.

Uno de los primeros representantes de los gigantescos saurópodos del Cretácico que han convertido en pequeño ¡al inmenso *Brachiosaurus*! Se piensa que el *Antarctosaurus* alcanzaría la masa límite que un animal terrestre podría tener sin colapsar.

TAMAÑO EXTREMO

El *Antarctosaurus* fue el primer saurópodo titán encontrado en Argentina, y aunque no se han hallado todos los huesos de su cuerpo, ¡sus fémures de 2 m eran más grandes que una persona adulta! Sus extremidades eran inmensas columnas que soportarían un cuerpo casi tan pesado como el de una ballena azul. Y no es el único saurópodo de estas dimensiones, ya que en el hemisferio sur se han encontrado algunos ¡incluso más grandes! Se ha calculado que tendrían la masa límite que un animal terrestre podría alcanzar, y ningún otro organismo les superaría en tamaño (al menos fuera del agua).

Fémures de *Antarctosaurus*

▶ Su cola era larga y robusta, aunque no tan larga como los parientes del Jurásico con cola de látigo.

▶ Su cuerpo de tonel sería un tanque de fermentación en donde desharía las toneladas de materia vegetal que comía diariamente.

▶ Las patas traseras alcanzarían el primer piso de un edificio en altura y serían el soporte principal del peso de este gigantesco animal.

ANTARCTOSAURUS
TITÁN DEL CRETÁCICO

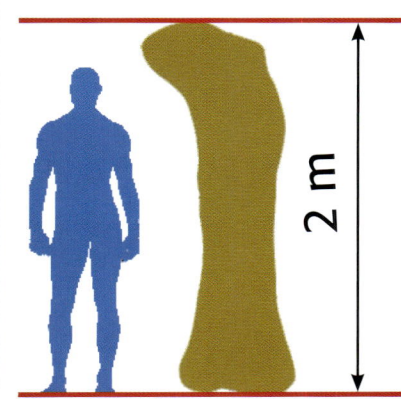

CRECIMIENTO RÁPIDO

Si algún día pudiésemos volver a traer a la vida a los dinosaurios gigantes, ¡mejor que no adoptes a un *Antarctosaurus*! Todos los saurópodos ponían puestas de una docena de huevos y sus crías eran más pequeñas que una gallina al nacer. Pero estas crías en poco tiempo tendrían la forma de los individuos adultos, preparada para soportar su gran peso. ¡En apenas dos o tres años alcanzarían el tamaño y el peso de una vaca a los de un elefante!

▼ El cuello sería larguísimo; con tan solo una docena de vértebras alargadas: ¡alcanzaría casi una decena de metros con los que comer alrededor tranquilamente o alcanzar las copas de los árboles!

▼ Su cráneo era corto, hueco como en otros saurópodos y tendría una mandíbula cuadrada con dientes alargados en forma de aguja para cortar vegetación blanda.

▶ Las patas del *Antarctosaurus* eran inmensas columnas ligeramente arqueadas, ¡pero se apoyaría sobre la punta de sus dedos! Estos dedos eran largos pero gruesos para soportar su tonelaje.

DINODATOS

- **Vivió hace...** 89 a 71 millones de años en el periodo Cretácico.
- **Tamaño:** entre 15 y 30 m de longitud y 6 m de altura sin levantar su cuello.
- **Peso:** lo más probable, entre 40 y 50 toneladas.
- **Dieta:** plantas altas como coníferas o copas de ginkgos.
- **Significado del nombre:** lagarto del Sur.

Ningún otro dinosaurio con cuernos y una gola experimentaba tantos cambios en la forma de su cabeza a medida que crecía. ¡Los fósiles de sus crías han hecho creer a los científicos que pertenecían a otra especie distinta!

CUERNOS Y GOLA

Su cabeza tenía dos pequeños cuernos cortos sobre los ojos y un gran cuerno nasal, además de un «escudo» decorado con dos púas curvadas hacia dentro en la parte superior, y las otras dos curvadas hacia adelante.

Pero lo interesante y el pequeño puzle para los científicos se plantea con los fósiles de las crías. Al parecer, su cuerno nasal sería del pequeño tamaño de sus cuernos sobre los ojos al nacer. A medida que crecía, se hacía más grande que los dos traseros, ¡y en algunos *Centrosaurus* se curvaba hacia adelante! Además, su gola iba tomando forma de corazón, y las dos púas de arriba del «escudo» se curvaban cada vez más, hasta casi encontrarse la una con la otra en el centro.

▼ La gola era demasiado fina para ser una defensa efectiva; sería colorida y le serviría para exhibirse.

▶ Algunas partes de la piel del lomo han conseguido fosilizar también y sabemos que sería escamosa, sin plumas.

▶ Sus robustas patas le permitían emprender una carrera explosiva, para defender a la manada de los depredadores.

CENTROSAURUS
UN CUERNO SOBRE LA NARIZ

DINODATOS
- **Vivió hace…** 84 a 71 millones de años en el periodo Cretácico.
- **Tamaño:** 6 m de longitud y 1,8 m de altura.
- **Peso:** 2,5 toneladas.
- **Dieta:** plantas bajas y duras.
- **Significado del nombre:** lagarto con puntas.

VIVIR EN MANADA

Se sabe que el *Centrosaurus* vivía en grandes manadas gracias a la gran cantidad de fósiles encontrados en Dinosaur Park Formation, en Canadá. Se cree que, por la gran concentración de *Centrosaurus*, la zona estaría llena de pequeños lagos o estanques donde la manada se congregaba para beber.

El ataque de un carnívoro o un ataque de pánico provocaría una estampida y la muerte de muchos individuos a la vez, quedando fosilizados en la misma roca.

▼ Sobre los ojos lucía dos pequeños cuernos puntiagudos de unos pocos centímetros.

▶ Su cuerno nasal podía alcanzar hasta 1 m de longitud. Posiblemente le servía tanto para defenderse como para competir entre machos.

▶ El *Centrosaurus* contaba con un gran pico de loro, como sus otros parientes, para poder cortar vegetación o arrancar pedazos de corteza dura. Dentro tenía apretadas filas de dientes como cucharas y una musculatura que le permitía masticar como los mamíferos herbívoros.

Elasmosaurus
Nadador de largo cuello

DINODATOS

- **Vivió hace…** 84 a 71 millones de años en el periodo Cretácico.
- **Tamaño:** entre 10 y 14 m de longitud y 2 m de altura.
- **Peso:** 2 toneladas.
- **Dieta:** peces.
- **Significado del nombre:** lagarto de placas delgadas.

▼ La cintura pectoral, ancha de lado a lado y musculosa, estaba compuesta por placas de hueso delgadas, lo que permitía un movimiento amplio de sus potentes aletas delanteras. Estos huesos son los que dan nombre a este reptil marino.

▼ Las aletas delanteras eran musculosas y serían las que proporcionarían casi todo el impulso al nadar.

▶ Sus patas traseras y delanteras sufrieron un proceso similar, con un fémur ancho y corto y el resto de huesos más pequeños formando la aleta.

▲ Las aletas posteriores producirían menos impulso al nadar, por lo que le servirían más para maniobrar rápidamente durante la caza.

LA GUERRA DE LOS HUESOS

En el siglo XIX, Edward Cope, un famoso paleontólogo, colocó por error la cabeza del *Elasmosaurus* en el extremo de la cola al reconstruir el animal, creyendo que el cuello era la cola del reptil. Othniel Marsh, otro respetado paleontólogo de la época, señaló el error cometido y como resultado, los dos paleontólogos pasaron el resto del siglo XIX en una amarga disputa.

Este reptil marino que vivió en todos los océanos del mundo hace 70 millones de años tendría un cuello larguísimo y unas potentes aletas delanteras con las que nadaría rápidamente, acechando los bancos de peces donde podría atrapar a sus presas con facilidad. Probablemente se quedaba quieto debajo y cuando pasaba por encima suyo, levantaría su cabeza y...

▲ La cabeza del *Elasmosaurus* era pequeña en comparación al tamaño de su cuerpo y su cuello largo. Su cráneo era achatado y alargado, con filas de dientes largos como agujas para atrapar peces.

▼ El cuello es el más largo de entre sus familiares cercanos, con hasta ¡72 vértebras! Estas serían cilíndricas, como las de los peces, y relativamente rígidas gracias a los cartílagos que las unían.

◀ En su estómago se han encontrado gastrolitos de múltiples tamaños que le ayudarían en la digestión, ya que esos dientes puntiagudos le servirían para atrapar y devorar a su presa, pero no para masticarla en condiciones.

Cráneo fósil de *Elasmosaurus*

¿CUELLO COMO UNA SERPIENTE?

Desde su descubrimiento hace más de cien años se pensaba que su cuello sería extremadamente flexible y podría retorcerse y doblarse como el cuerpo de una serpiente marina. Pero el estudio detallado de su cuello indica que no podría doblarlo de esa manera, y que su movimiento arriba o abajo sería limitado, y no retorcerse.

Este cuello relativamente rígido sí podría moverse fácilmente de lado a lado. Probablemente fuese más útil cuando acechase a bancos de peces, se lanzase como una flecha por el agua sobre ellos y pudiese girar rápidamente para maniobrar y atrapar a aquellos rezagados que tratasen de esquivar su rápido mordisco.

GIGANTORAPTOR
PICO AFILADO

RAPTOR GIGANTESCO

Este terópodo de gran tamaño tenía el cráneo con un enorme pico sin dientes y un cuello alargado que mantendría elevado como un cisne. Otros familiares, como el *Citipati*, son parecidos, y ocuparían un lugar similar al emú en los ecosistemas del Cretácico. Pero… *Gigantoraptor* tiene algunas otras peculiaridades que nos hacen dudar de qué comería exactamente.

▼ Tenía un abanico de plumas en el extremo de la cola.

▶ Sus patas traseras eran gráciles para moverse con rapidez, pero lo suficientemente resistentes como para soportar su peso a dos patas.

En primer lugar, su propio (y ¡gigantesco!) tamaño, que supera al de todos sus parientes e incluso iguala al de otros terópodos depredadores con los que conviviría, no parece ser el adecuado para vivir como un «avestruz» del Cretácico. En segundo lugar, sus manos serían parecidas a las de estos terribles depredadores: ¡aún poseía tres largos dedos terminados en garras afiladas!

▶ Sus patas traseras también eran especialmente musculosas para perseguir a sus presas.

Este gran terópodo es enigmático, ya que en lugar de dientes afilados tenía un gigantesco pico de loro. Otros parientes suyos mucho más pequeños también tienen un cráneo similar, y serían predominantemente herbívoros, ¿pero entonces para qué querría *Gigantoraptor* esas gigantescas garras de sus patas delanteras?

AÚN DENTRO DEL HUEVO

Se ha hallado el nido de un pariente muy cercano del *Gigantoraptor*, con un descubrimiento excepcional: ¡huevos aún con las crías dentro del cascarón!

Los *Gigantoraptor* pondrían huevos de gran tamaño, unos 50 cm de largo y 5 kg de peso. Son los huevos de dinosaurio más grandes jamás encontrados. En uno de ellos se encontraba el dinosaurio apodado como «Baby Louie», el esqueleto de una cría completa de un hermano del *Gigantoraptor*.

◀ Los brazos eran largos y musculosos, terminados en largos dedos con tres garras afiladas y con buena movilidad, por lo que podría sujetar presas o manipular su comida.

◀ Su cuello era largo y seguramente tendría una postura algo curvada y elegante hacia arriba, como algunas de las aves exclusivamente terrestres actuales.

▶ Este pico afilado serviría tanto para cortar y desgarrar carne de sus presas como para cortar y comer plantas. Posiblemente tendría una dieta omnívora.

▶ Se cree que los huevos de este animal eran aún más grandes que los de un avestruz, llegando a medir algo más de 50 cm.

DINODATOS

- **Vivió hace…** 83 a 71 millones de años en el periodo Cretácico.
- **Tamaño:** casi 8 m de longitud y 5 m de altura.
- **Peso:** 2 toneladas.
- **Dieta:** omnívora, desde plantas a dinosaurios más pequeños que él.
- **Significado del nombre:** secuestrador gigante.

Existió una familia de descendientes de *Iguanodon* con pico de pato y crestas variadas que reinaron entre los herbívoros del final del Cretácico. Entre ellos, el *Parasaurolophus* llama la atención por esa larga cresta hueca sobre la cabeza.

ARTISTA DEL CRETÁCICO

La cresta de estos dinosaurios tenía una peculiaridad: estaba hueca. La parte interna de la nariz variaba en complejidad y estaba unido a ella. En el caso del *Parasaurolophus* sería un tubo relativamente sencillo, con solo un par de cámaras, por donde pasaría el aire emitiendo un sonido. ¡Contaban con un instrumento musical en el cráneo!

Esta cámara de resonancia le permitiría emitir bramidos complejos en distintas frecuencias. No obstante, no se quedaba solo en una forma de berrear más alto, también tenía una «vela» de piel uniendo esta cresta con el cuello, para exhibirse ante otros miembros de su especie u otros dinosaurios. Posiblemente la cresta y la vela serían coloridas para que todos le reconociesen.

DISTINTAS TEORÍAS

Esa cresta larga y extraña ha dado lugar a todo tipo de teorías que se han abandonado con los años. Desde un tubo para bucear, al inicio de una trompa sobre su nariz o un sistema especial para olfatear. Al carecer de orificios más arriba de la nariz, es difícil que sirviese para todas esas cosas. Además que tampoco le es muy útil una trompa a un dinosaurio con pico de pato.

Probablemente la otra función que tendría, además de llamar la atención, sería la de contribuir a regular su temperatura corporal. Al contrario que los terópodos y saurópodos, estos dinosaurios no tendrían sangre caliente al 100 % y requerían de otros mecanismos para mantener el equilibrio.

▶ Sus patas traseras eran robustas y le permitían balancearse y cambiar del paso a cuatro patas a sostenerse sobre dos.

Parasaurolophus
Pico de pato con cresta alta

▼ Las vértebras de la espalda y el inicio de la cola tenían unas espinas altas. No llegarían a formar una vela o joroba, pero sí que tendría una espalda elevada.

Cráneo de Parasaurolophus

◀ Su cráneo tenía un sistema de huecos y cavidades que conectaban la nariz, la garganta y el gigantesco tubo que tenía dentro de la cresta.

◀ Sus mandíbulas eran musculosas, con un pico de pato y una dentición que le permitirían masticar como los mamíferos actuales.

DINODATOS

- **Vivió hace…** 83 a 71 millones de años en el periodo Cretácico.
- **Tamaño:** 11 m de longitud y 5 m de altura.
- **Peso:** 4,9 a 5,1 toneladas.
- **Dieta:** vegetación próxima al suelo, helechos o de árboles bajos.
- **Significado del nombre:** lagarto de cresta cercana.

▶ Sus brazos le permitían adoptar una postura tanto cuadrúpeda como bípeda.

PTERANODON
CABEZA ALARGADA

DINODATOS

- **Vivió hace…** 89 a 71 millones de años en el periodo Cretácico.
- **Tamaño:** 6,2 m de longitud alar en machos y hasta 3,8 m de longitud en hembras.
- **Peso:** 20 a 93 kg.
- **Dieta:** peces.
- **Significado del nombre:** ala sin dientes.

▶ Aunque la cresta tenía forma de pico o cuerno en los machos, no serviría para atacar. Sería colorida y llamativa para exhibirse delante de las hembras.

PICO ALARGADO Y SIN DIENTES

Una de las características más llamativas del *Pteranodon* respecto a otros parientes es su cabeza desproporcionadamente grande, con un pico alargado y sin dientes además de una cresta en la parte posterior.

Este pico alargado le serviría para pescar sobrevolando el mar, ya que además anidaba en acantilados costeros o zonas cercanas al mar interior de Estados Unidos durante el final del Cretácico, como indican los yacimientos en la formación Mooreville y Merchantville.

La cresta de los *Pteranodon* era variada, pero todas las especies presentan dos tipos distintos: una cresta mucho más grande y alargada en los machos, mientras que las hembras la presentaban más corta.

Las especies del *Pteranodon* son difíciles de distinguir porque todas presentan una forma característica (la de las hembras ligeramente distinta a la de los machos, con una cresta algo más larga). ¡Imagina encontrar dos ejemplares en yacimientos distintos y no saber si son dos especies, o que uno fuera el macho y el otro la hembra del mismo tipo de *Pteranodon*!

▲ El resto de sus dedos estarían libres, y le ayudarían a agarrarse a las rocas donde anidaba o para desplazarse a cuatro patas cuando estaba en tierra.

▲ Las alas son la extensión de un brazo hueco pero robusto y un dedo alargado. Podía alcanzar una envergadura alar tres veces superior al resto de su cuerpo.

◄ Su pico era muy alargado para pescar peces que se acercasen a la superficie. Este pico estaría recubierto por una funda córnea parecida a la del pico de las aves. Pescaría en vuelo rasante y tragaría los peces enteros, puesto que no tenía dientes.

► Las patas traseras eran alargadas con respecto al cuerpo, aunque muchísimo más cortas que sus alas. Sus pies eran prensiles y capaces de agarrarse a las rocas o sujetar una presa pequeña.

▲ Su cuerpo era muy pequeño en proporción a su cabeza. Además de muy ligero, parecería muy frágil, pero en realidad ¡tenía un pecho musculoso para batir sus inmensas alas!

CAZADOR CAZADO

Pescar sobrevolando las aguas no está libre de los peligros de los depredadores. Se ha hallado un fósil de *Pteranodon* con un diente de tiburón incrustado entre las vértebras de su cuello en Kansas, Estados Unidos. Posiblemente el tiburón fuese más rápido que este pescador volador, que estaría distraído con su presa sin saber que él sería a su vez atacado por otro carnívoro.

Un gran cuerno nasal y una de las golas más llamativas entre los ornitisquios, con un «escudo» en la cabeza. El *Styracosaurus* se exhibiría entre los herbívoros del Cretácico, siendo fácilmente reconocible.

UN CASCO CON PUNTAS AFILADAS

La gola de este dinosaurio tendría la forma de un abanico abierto en la parte trasera de su cabeza. Este «escudo» tendría el borde serrado y 6 púas gigantescas en la parte superior, adornándolo. Estas púas afiladas, junto al resto de la gola, serían coloridas y servirían de reclamo entre miembros de su especie. También servirían para avisar a posibles cazadores: ¡si intentas comerme, pincho!

Cráneo de *Styracosaurus*

▲ Su afilado pico era muy útil para seleccionar comida, arrancar desde tallos blandos a plantas duras, que masticaría con sus filas de dientes en forma de cuchara. Es posible que *Styracosaurus* además hubiese podido comer cortezas y ramas bajas de palmeras u otros árboles.

▶ Sus cuatro patas eran especialmente robustas. *Styracosaurus* pacería como un elefante o un rinoceronte, algo más lentos, ¡pero con una carga poderosa si se sentían amenazados!

STYRACOSAURUS
CORONA DE PÚAS

DINODATOS
- **Vivió hace...** 84 a 71 millones de años en el periodo Cretácico.
- **Tamaño:** 5,5 m de longitud y casi 2 m de altura.
- **Peso:** 4,2 toneladas.
- **Dieta:** plantas duras, incluyendo ramas bajas o corteza.
- **Significado del nombre:** lagarto con pinchos.

ESTRELLA DE CINE

El *Styracosaurus* fue de los primeros dinosaurios en aparecer en el cine. Al principio, como un terrible monstruo que se enfrentaba a los héroes o era devorado por depredadores aún más terribles que él en películas clásicas.

En apariciones más recientes, con una cara más amable, como un dinosaurio de manada y capaz de mantener amistad con otras especies, lo cual es iposible en realidad! La especialización alimenticia entre los herbívoros de Dinosaur Park Formation en Canadá, donde se halló también a su pariente el *Centrosaurus*, requería cierta comunicación entre las especies, incluyendo señales visuales para identificarse con su gola, como los ciervos o alces actuales.

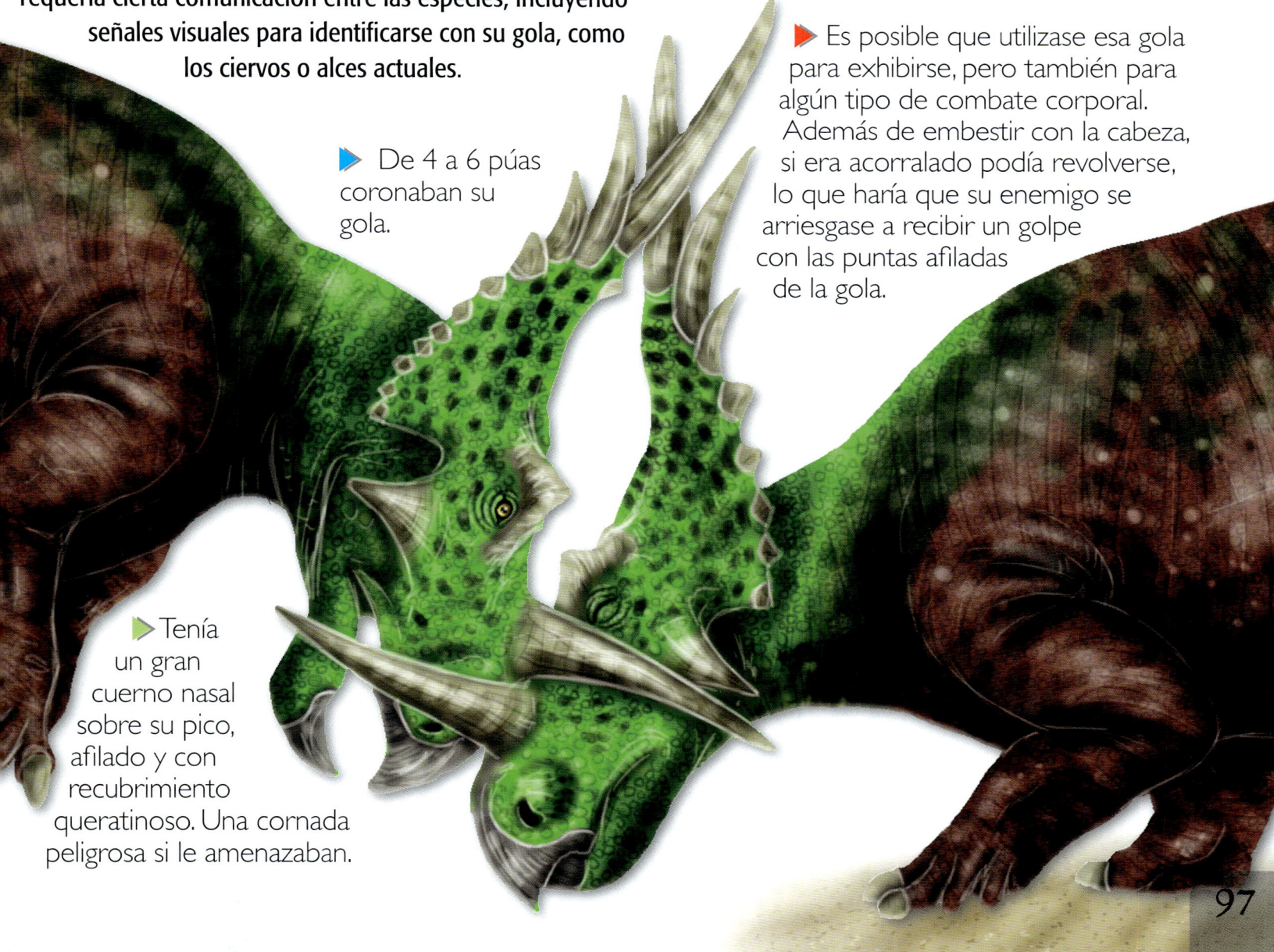

▶ De 4 a 6 púas coronaban su gola.

▶ Es posible que utilizase esa gola para exhibirse, pero también para algún tipo de combate corporal. Además de embestir con la cabeza, si era acorralado podía revolverse, lo que haría que su enemigo se arriesgase a recibir un golpe con las puntas afiladas de la gola.

▶ Tenía un gran cuerno nasal sobre su pico, afilado y con recubrimiento queratinoso. Una cornada peligrosa si le amenazaban.

Este gigantesco y ancho herbívoro no tendría qué temer ante los terópodos más terroríficos. No solo estaría bien protegido por una robusta armadura ósea que recubría su dorso: también tendría una poderosa maza en la cola.

GUERRERO CON ARMADURA

Hay ornitisquios como el *Sauropelta* con armadura compacta y otros que intercambian parte de armadura por una porra en la cola como el *Talarurus*. ¿Qué ocurre cuando un dinosaurio las combina? Que tendríamos un herbívoro tan difícil de cazar como el *Euoplocephalus*, que tenía una armadura gruesa y un arma capaz de aplastar huesos de un coletazo.

Lo que más llama la atención es el refuerzo especial de la armadura en la cabeza. Tendría unas placas de hueso denso adicionales distribuidas por toda la parte superior. Este «casco» de osteodermos haría muy difícil atacar al *Euoplocephalus* en sus puntos más vulnerables.

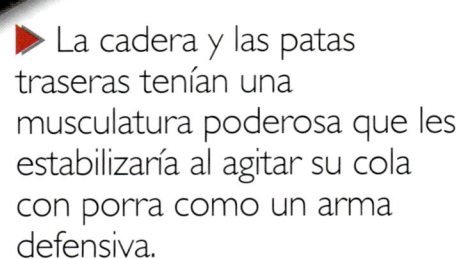

▲ Al final de su larga cola tenía una maza enorme de hueso que sería capaz de herir hasta al depredador más terrible que intentase cazarle. ¡Uno de los mazazos más poderosos entre todos los miembros de su familia!

▶ La cadera y las patas traseras tenían una musculatura poderosa que les estabilizaría al agitar su cola con porra como un arma defensiva.

▶ Sus patas eran robustas y anchas, ligeramente arqueadas hacia adentro, para soportar su cuerpo, parecido al de un hipopótamo con armadura. Además, le harían inamovible en defensa.

Euoplocephalus

Mazazo con la cola

DINODATOS
- **Vivió hace…** 83 a 70 millones de años en el periodo Cretácico.
- **Tamaño:** 5,5 m de longitud y 2,5 m de altura.
- **Peso:** 2,3 toneladas.
- **Dieta:** plantas a ras de suelo.
- **Significado del nombre:** cabeza bien protegida.

NO SOLO DEFENSA

Existe la hipótesis de que la armadura, además de ofrecer una defensa excepcional, le ayudaría con la regulación de la temperatura de su cuerpo, al no ser completamente de sangre caliente. Los osteodermos son parecidos a los de los cocodrilos, con numerosos canales para venas, y estarían recubiertos de queratina.

▼ En el interior de su cabeza armada hay un complejo sistema del olfato y cavidades para mantener una comunicación por bramidos.

▼ El cráneo estaba reforzado en la parte superior, desde la nariz al cuello, por numerosos osteodermos sólidos, una placa central gruesa y varias espinas puntiagudas sobre los ojos.

▶ Tenía una mandíbula ancha con un pequeño pico córneo en el frente y una dentición especializada para triturar vegetación dura. Sus dientes aparecen extremadamente desgastados en algunos casos.

Uno de los terópodos más famosos que ha aparecido en televisión o sagas cinematográficas, ¡siendo incluso uno de los personajes principales! Seguramente lo conoces, pero... ¿sabías que era mucho más pequeño que los que aparecen en las películas?

ÁGIL Y LETAL

Mucho más pequeño que su representación popular, pero no por ello menos peligroso. Este pequeño depredador de 2 m sería tan letal como una pantera. Su cuerpo era extremadamente ágil, capaz de correr y saltar con destreza.

Sus manos eran largas y acababan en tres grandes garras. Por si fuera poco, tenía una garra retráctil en el pie, perfecta para engancharse y que podía utilizar para cortar el vientre o aferrarse a su presa.

Garras de Velociraptor

◀ Aunque podría desgarrar con sus garras retráctiles, el estudio de su estructura interna indica que las usaría para apuñalar. Seguramente saltaba sobre las presas para derribarlas y retenerlas mientras las despedazaba.

DUELO DE DINOSAURIOS

Se han encontrado restos fósiles del *Velociraptor* luchando contra otro pequeño dinosaurio del Cretácico de Mongolia, el herbívoro *Protoceratops*. Al más famoso se le conoce como *Fighting Dinosaurs* (Dinosaurios luchadores) y en ellos se aprecia a ambos dinosaurios fosilizados luchando, completos, preservados en la roca tal y como murieron.

Estos restos tan excepcionales han confirmado las evidencias de su especial modo de caza, saltando y apuñalando con las garras retráctiles de su pie.

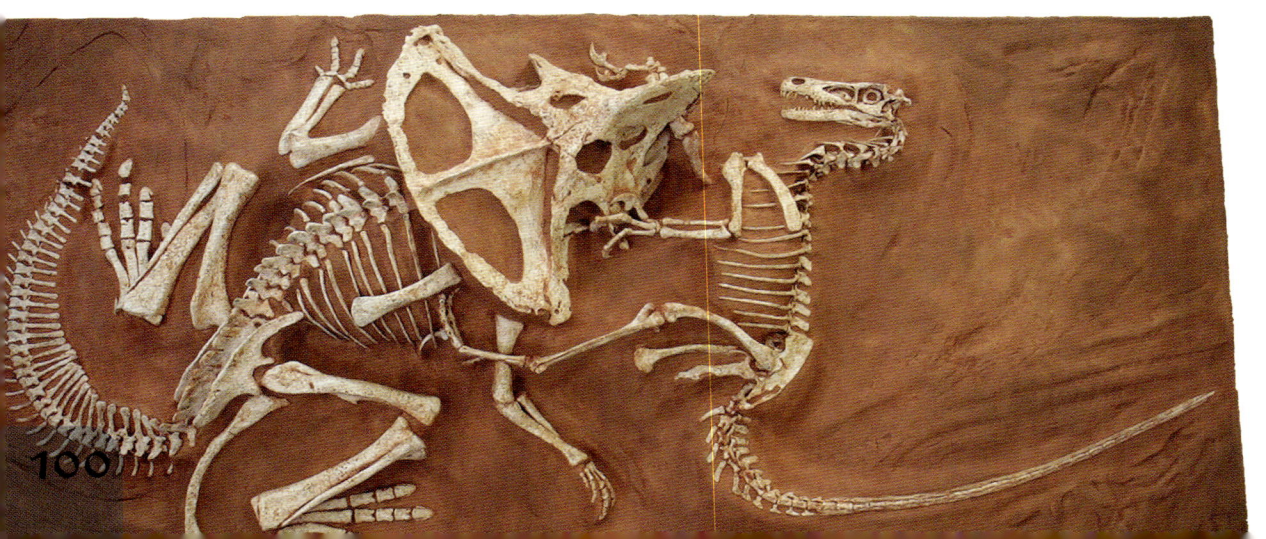

VELOCIRAPTOR
DEPREDADOR INTELIGENTE

DINODATOS

- **Vivió hace…** 100 a 70 millones de años en el periodo Cretácico.
- **Tamaño:** 2 m de longitud y 50 cm de altura.
- **Peso:** 5-20 kg.
- **Dieta:** carnívoro, otros dinosaurios de su tamaño.
- **Significado del nombre:** cazador veloz.

▶ La cabeza del *Velociraptor* era larga y delgada, con las mandíbulas llenas de pequeños dientes curvos y afilados, perfectos para cortar la carne de su presa.

▶ La cavidad del cerebro indica que sería relativamente grande para su cráneo, y además poseería una buena vista, con los ojos dirigidos hacia el frente, con capacidad de enfocar y calcular distancias: ¡útil para su forma de cazar!

▼ Su cuerpo estaba recubierto de plumón. Salvo por los brazos, donde sí tendría plumas. Sus brazos parecerían alas, aunque no podría volar, y escondían un arma temible…

▲ Su cola era rígida y le permitía tanto maniobrar durante la carrera, como impulsarse en su salto durante la caza.

▶ Sus patas traseras eran musculosas pese a su pequeño tamaño y cuerpo grácil, adaptadas para una carrera corta y rápida, y para su forma especial de caza. El *Velociraptor* se abalanzaría de un salto sobre sus presas desprevenidas.

▼ Sus manos eran móviles y terminaban en garras afiladas y curvas con las que se aferraba o desgarraba a su presa.

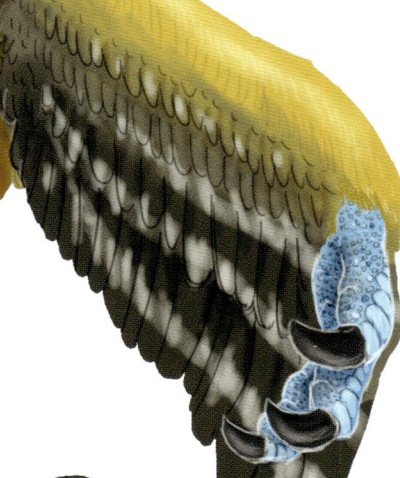

Se trata de uno de los primeros dinosaurios ornitisquios con armadura descubiertos ¡hace ya más de cien años!, y uno de los últimos grandes dinosaurios antes de su extinción, puesto que vivió al final del Cretácico.

CUERPO ANCHO

El cuerpo del *Ankylosaurus* era ancho y bajo, rodeado por un cordón de púas alrededor de la armadura de su cuello, espalda y cola. Esta armadura se diferencia de la de otros dinosaurios armados en la fusión de algunos huesos entre sí, especialmente en la cabeza, formando un «casco» compacto de osteodermos. Tiene menos osteodermos protegiendo su cráneo que el *Euoplocephalus*, pero ¡formaban una gran placa que iba desde el pico hasta las púas que rodeaban sus ojos!

Otra parte impresionante de esta armadura son los anillos de osteodermos que protegían su cuello.

▶ Su pelvis estaba adaptada para esta forma de cuerpo tan aplanada y baja, además de ¡para dar un potente coletazo con su maza!

DINODATOS

- **Vivió hace**… 72 a 66 millones de años al final del periodo Cretácico.
- **Tamaño:** 5 m de longitud y 1,7 m de altura.
- **Peso:** 4,8 toneladas.
- **Dieta:** plantas a ras de suelo, raíces y corteza.
- **Significado del nombre:** lagarto fusionado.

▲ Al final de su cola armada y musculosa, tendría una maza como sus otros parientes. Esta porra defensiva estaba formada por dos grandes bolas de hueso macizo para alejar a cualquier depredador con un poderoso golpe.

▶ Sus patas eran robustas y fuertes para poder soportar su gran peso distribuido por su ancho cuerpo, y también para poder hacer el violento movimiento del mazazo defensivo.

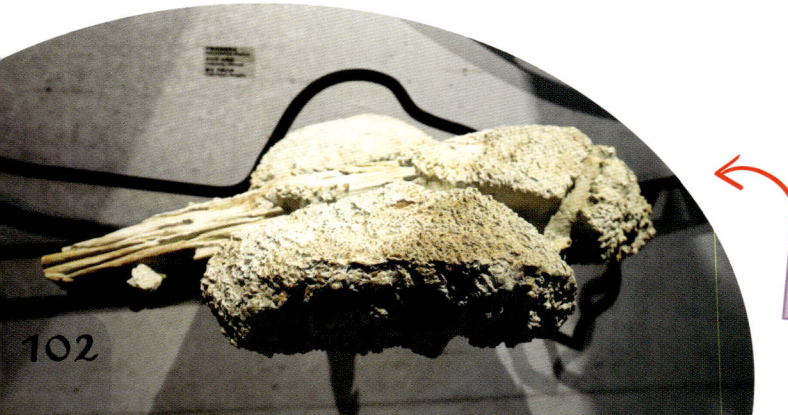

Maza fósil de *Ankylosaurus*

ANKYLOSAURUS
ARMADILLO DEL CRETÁCICO

Cráneo de Ankylosaurus

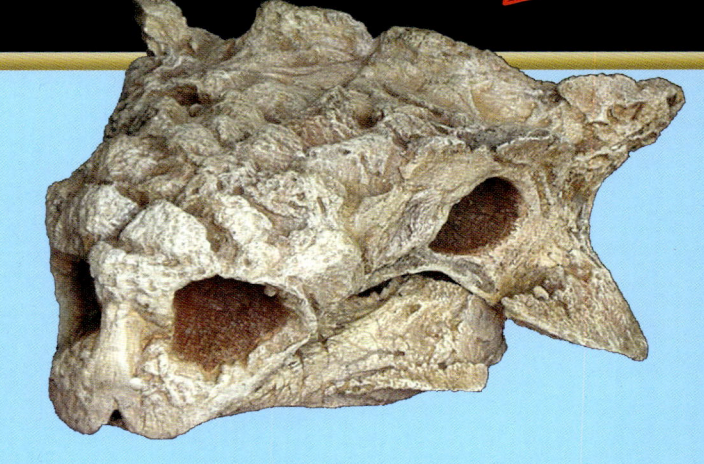

DINO HUECO

Para aligerar ese cráneo masivo con una armadura fusionada, el *Ankylosaurus* tendría un sistema interno de cavidades y huecos que además estaría ligado a venas y canales del complejo sistema respiratorio. Posiblemente lo usaría también para regular su temperatura.

Se cree que tuvo un buen sentido del olfato, pero aún no está del todo confirmado.

▼ Tras los anillos de placas del cuello, habría un patrón de una fila de púas formando el borde de la armadura y cuatro filas de osteodermos que iban desde el inicio de su espalda hasta casi el final de la cola.

▼ El cuello era musculoso y tenía dos grandes anillos de osteodermos para defender su parte superior. Estas placas de hueso evitarían que fuese fácil atacarle en esta zona tan delicada y frágil.

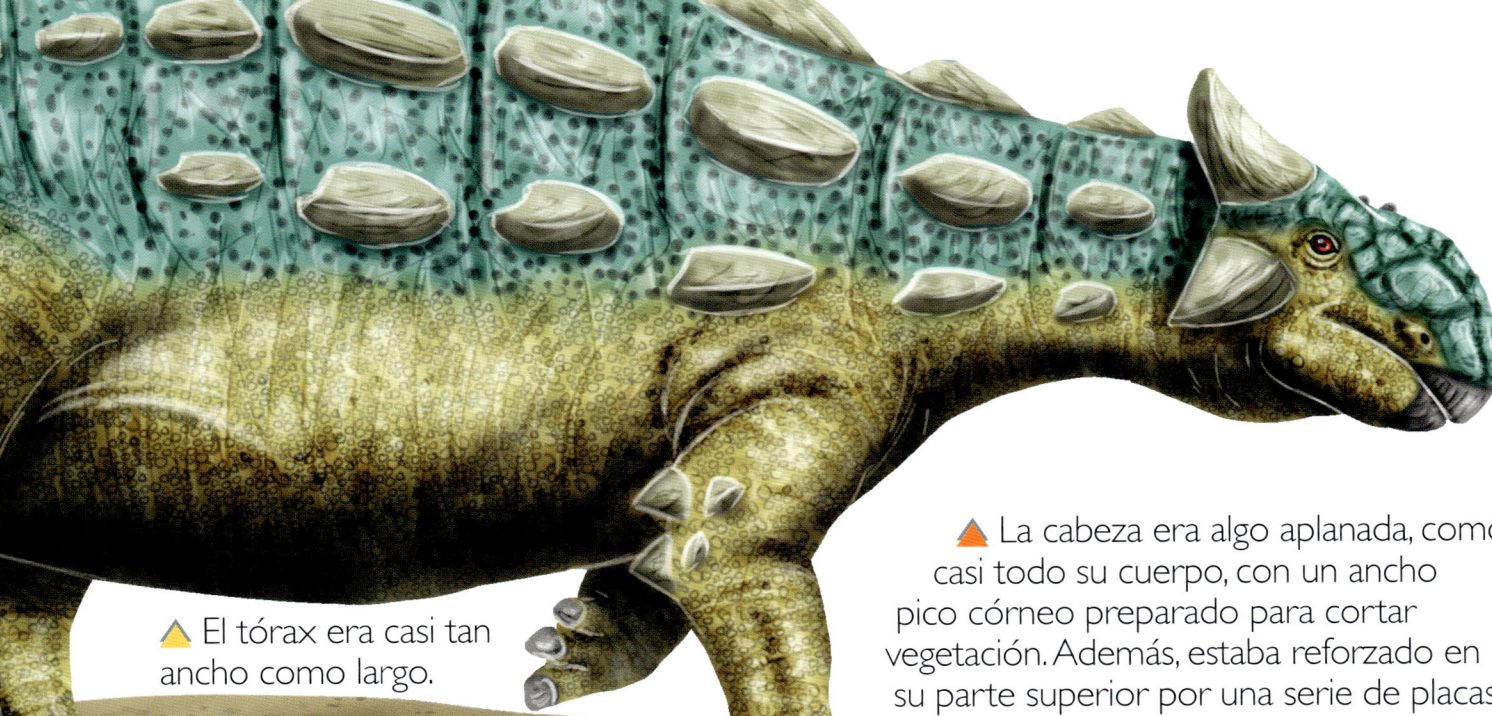

▲ El tórax era casi tan ancho como largo.

▲ La cabeza era algo aplanada, como casi todo su cuerpo, con un ancho pico córneo preparado para cortar vegetación. Además, estaba reforzado en su parte superior por una serie de placas fusionadas y púas sobre los ojos y la nuca.

Este pariente lejano del Tiranosaurio pertenece a un grupo de terópodos especializados en cargar contra sus presas con sus gigantescas mandíbulas. ¡Casi todo su cráneo corto era una inmensa boca llena de afilados dientes!

EMBESTIDA LETAL

Su cráneo era mucho más corto y robusto que el de otros terópodos, con una boca llena de afilados y delgados dientes, más alargados que en otros de sus parientes cercanos. Este rostro inusual le permitiría una mordedura terrible… ¡Pero por si no fuese suficiente, sus armas no terminan ahí!

En la cabeza tenía dos protuberancias o cuernos recubiertos de queratina como en otros animales actuales, aunque más largos de lo que se pensaba hasta ahora. Lo último que vería su presa sería la embestida de dos largos cuernos y unas fauces repletas de dientes afilados como dagas.

DINODATOS

- **Vivió hace…** 228 a 199 millones de años en el periodo Cretácico.
- **Tamaño:** 7 a 8 m de longitud y más de 3 m de altura.
- **Peso:** 1-3 toneladas.
- **Dieta:** carne de otros grandes dinosaurios.
- **Significado del nombre:** toro carnívoro.

PIEL ESCAMOSA

Es uno de los primeros dinosaurios de los que se preservan impresiones de su piel. Tendría una piel escamosa en mosaico, con escamas más pequeñas intercaladas con otros bultos más grandes distribuidos por todo su cuerpo.

Carnotaurus
una estampida de dientes

▶ Tenía los ojos dirigidos hacia adelante, lo que le proporcionaría una buena visión para localizar a sus presas.

▶ Un cuello robusto y potente soportaba la carga de este terrible depredador, con vértebras más gruesas de lo habitual.

▼ Las vértebras de la cola tienen una manera de encajar especial, con forma de gancho en la parte inferior de las que están al principio de la cola, donde comenzaría la gigantesca musculatura de las patas que le permitiría sus terroríficas cargas.

◀ Sus extremidades delanteras son excepcionalmente cortas, como en otros parientes cercanos: ¡más cortas que las del Tiranosaurio! No le permitirían agarrar nada, con el cúbito y el radio casi tan pequeños como los dedos, y al estar dirigidas hacia atrás. Además, con ese gigantesco cuello y cabezón, ¡de haberlas podido girar, no le llegarían a la boca!.

▶ Las patas traseras eran robustas y poderosas, y soportaban sus feroces cargas. Junto con su cola gruesa y rígida, dirigirían todo su cuerpo durante la persecución de sus presas.

Huellas de *Carnotaurus*

Es de los pocos dinosaurios de los que se conserva ¡una momia! La fosilización de algunos de los *Edmontosaurus* que conocemos sufrió un proceso parecido al de la desecación, por lo que preservamos parte de su piel pegada a los huesos.

HERBÍVORO GIGANTE

Este descendiente del *Iguanodon* alcanzaría un tamaño descomunal. Sería también semicuadrúpedo, pudiendo andar a dos patas o cuatro gracias a unas patas delanteras fuertes, ¡aunque se apoyaría solo en sus pequeños dedos! La clave estaría en unas almohadillas de piel y cartílago en estos dedos y los traseros, que repartirían su peso y amortiguarían cada paso. Y sabemos que tendrían estas almohadillas ¡porque en algunos fósiles del *Edmontosaurus* se han preservado, al igual que la piel de sus pies y manos!

MOMIAS

Se han preservado dos momias conocidas como la «Momia Trachodon» y «Dakota» por los científicos. Estos dos *Edmontosaurus* se desecaron al principio de su fosilización y preservan la piel pegada a sus cajas torácicas. También presentan piel escamosa en el cuello, las almohadillas que acolcharían sus dedos, o la funda córnea de su pico.

▼ La espalda del *Edmontosaurus* se curvaría bastante, y las espinas de sus vértebras eran altas, formando una especie de «joroba».

Momia «Dakota»

▲ Su cola actuaría de contrapeso, y además sería muy rígida y se mantendría permanentemente levantada.

Edmontosaurus
Pico de pato gigantesco

▶ Tenía un cráneo largo que terminaba en un pico de pato ancho y las mandíbulas llenas de dientes en forma de corazón para poder comer plantas duras masticándolas. Además, ese pico de pato tendría una «funda» de cartílago y queratina, como el pico de las aves actuales.

▼ Sus hombros y cadera están muy especializados: tenían una forma de placa alargada especialmente diseñada para la musculatura que necesitaban al andar tanto a cuatro como a dos patas con su gigantesco tamaño.

◀ Sus patas traseras eran robustas para poder alzarse a dos patas si lo deseaba.

DINODATOS

- **Vivió hace...** 84 a 66 millones de años en el periodo Cretácico.
- **Tamaño:** 7,3 m de longitud y 2,9 m de altura.
- **Peso:** 6,6 a 7,6 toneladas.
- **Dieta:** plantas, incluyendo tallos duros.
- **Significado del nombre:** lagarto de Edmonton.

MAJUNGASAURUS
CAZADOR DE SAURÓPODOS

Cráneo de *Majungasaurus*

MANDÍBULA POTENTE

Mientras que otros depredadores lanzarían mordeduras rápidas y desgarrarían con sus manos para hacer que sus presas se desangrasen causándoles muchas heridas, el *Majungasaurus* y otros parientes cercanos puede que cazasen casi como lo hacen las hienas o coyotes actuales.

▼ Sus vértebras están huecas o tienen cavidades que indican que tendría «sacos aéreos», un sistema de venas y conductos ligados al sistema respiratorio similar al de las aves, ¡pese a ser parientes lejanos!

Sus brazos eran demasiado cortos para servirle a la hora de herir a su posible presa. Así que su única arma era una mordedura potente, aunque sin llegar a aplastar los huesos como el Tiranosaurio.

Por ello, posiblemente acecharía a su presa y la atraparía usando solo su mandíbula y no la dejaría escapar, agotándola o desangrándola con mordeduras en las zonas más vulnerables.

CANÍBAL

Se conocen los fósiles de algunos cráneos de crías del *Majungasaurus*, y se ha podido observar que, al contrario que otros dinosaurios, que suelen ser un poco «cabezones» de pequeños hasta que alcanzan las proporciones de los adultos, en este terópodo no sería así del todo. A lo largo de su crecimiento, su cabeza se vuelve mucho más grande en proporción al resto del cuerpo porque se va desarrollando su potente musculatura, especialmente en la parte superior, especializándose en cazar saurópodos.

Además, entre los restos de otros *Majungasaurus* adultos se han encontrado evidencias de que en caso de faltarles presas, ¡podrían comerse unos a otros!

Las faunas de Mahajanga, en Madagascar, no estarían llenas de dinosaurios gigantescos durante el final del Cretácico. Este carnívoro de tamaño medio sería el superdepredador en esos ecosistemas.

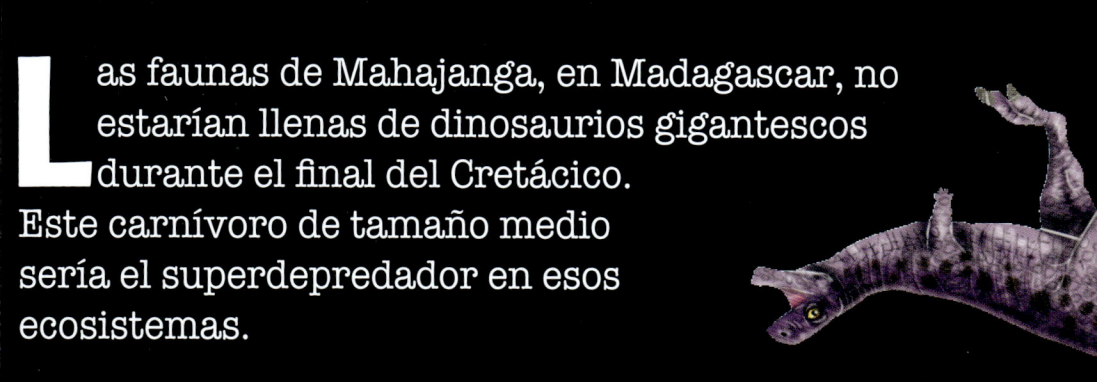

DINODATOS

- **Vivió hace…** 72 a 66 millones de años en el periodo Cretácico.
- **Tamaño:** 7 m de longitud y 2 m de altura.
- **Peso:** 1,6 toneladas.
- **Dieta:** otros dinosaurios, incluyendo saurópodos, ¡o de su propia especie!
- **Significado del nombre:** lagarto de Mahajanga.

▶ El cráneo del *Majungasaurus* está especializado para este tipo de caza, usando solo la cabeza. Era más alto que largo, con los ojos enfocados hacia adelante, y una musculatura potente, además de una gran articulación de las mandíbulas.

▶ Sus mandíbulas tenían una gran cantidad de dientes curvos y afilados. Se reemplazarían cada vez que se le rompiese o cayese uno al morder con fuerza. Estos dientes serían cortos y no podrían perforar el hueso sin partirse.

◀ En la parte trasera del cráneo tiene una fusión especial de los huesos que le permitían tener un musculatura robusta tanto para la mandíbula como en el cuello, que emplearía durante su carga.

▲ Tenía un buen sentido del equilibrio. Sería bastante ágil para poder lanzar sus mordiscos a la carga contra su presa.

◀ Sus patas traseras eran robustas y musculosas, útiles para esta forma de acechar tan particular. Cuando estuviese listo para lanzar la mordedura letal, cargaría en una carrera imparable contra su presa.

Este diminuto dinosaurio terópodo tenía unas patas delanteras muy especializadas con una única garra cuya función sigue siendo un misterio. Quizá la usaba para romper los termiteros y comerse las termitas.

BRAZOS MUY PARTICULARES

El *Mononykus* pertenece a una familia de terópodos con unas patas delanteras diferentes a las de todos los demás dinosaurios. Poseía un brazo con un húmero corto, robusto y muy distinto al de la mayoría. Además, su mano tendría un único dedo de gran tamaño, con cada hueso de su único dedo casi tan ancho como el cúbito y radio juntos. Su garra sería afilada y poco curvada, seguramente recubierta de queratina.

No se sabe para qué la usaría exactamente. Para cazar desde luego no resulta útil. Pero dado que los terópodos de esta pequeña familia suelen carecer de dientes, se ha propuesto que se alimentaría de insectos. Y esta única garra la utilizaría para excavar en termiteros y otras colonias de insectos, como hacen los osos hormigueros actuales.

DINODATOS

- **Vivió hace…** 72 a 66 millones de años en el final del periodo Cretácico.
- **Tamaño:** 1 m de longitud y 1,5 m de altura.
- **Peso:** 14,7 kg.
- **Dieta:** insectos.
- **Significado del nombre:** una garra.

PEQUEÑO OSO HORMIGUERO

El *Mononykus* y otros parientes cercanos ocuparían un lugar en los ecosistemas del Cretácico similar al de otras aves terrestres pequeñas. Además, su cuerpo estaría recubierto de plumas cortas. Buscarían insectos entre la vegetación alta y escaparían a la carrera de posibles depredadores, posiblemente en una mezcla de comportamiento entre una perdiz y un oso hormiguero.

Comparación de tamaño entre un humano adulto y un Mononykus

Mononykus
Una única garra

▼ Se ha conseguido reconstruir su cráneo por parientes cercanos. Sería alargado, con una mandíbula sin dientes y unos ojos grandes.

▲ Además de unas patas delanteras peculiares, su omóplato también tenía una forma diferente, más alargada y fina que otros terópodos.

▶ El *Mononykus* tendría buena vista con esos ojos grandes y dirigidos hacia adelante.

▶ Sus patas traseras son gráciles pero musculosas, con cada una de las partes de la extremidad muy alargadas. El *Mononykus* podría escapar con facilidad de otros parientes carnívoros gracias a su velocidad.

▲ Sus patas delanteras son cortas con una única garra, unos huesos bastante peculiares, y gran movilidad tanto en flexión como al doblar sus muñecas hacia adentro, lo que hace pensar que pudiera usarlas para excavar o sujetar.

Fue descubierto en 1764, cerca de Maastricht, en Holanda. Los primeros huesos encontrados se pensó que pertenecían a una ballena carnívora o un cocodrilo gigante. No sabían que se encontraban ante uno de los mayores depredadores marinos del Mesozoico.

MANDÍBULAS TERRORÍFICAS

Todo en este gigantesco depredador marino deja boquiabierto. Pero sin duda lo más característico y la fuente de todos los temores para otros habitantes de los océanos del final del Cretácico son esas grandes fauces con dientes gigantescos.

El cráneo del *Mosasaurus* era grande, alargado y extremadamente robusto. Su mordedura sería letal. Y la boca estaba armada con dientes curvos y afilados, ¡casi tan grandes como los de un Tiranosaurio! Además, sus mandíbulas están ligadas por el centro con un cartílago, no son un único hueso. Este podría expandirse como en una serpiente, ¡y no solo eso!: para poder desgarrar su comida tenía ¡dos filas de dientes afilados adicionales en el interior de su boca, cerca de la garganta!

🔺 Al igual que en otros parientes reptiles marinos, sus patas no se parecen mucho a la de los terrestres, y los huesos de su antebrazo eran tan cortos como los de los dedos, que se multiplicaron formando la aleta.

🔺 Su cola era musculosa para poder desplazarse con rapidez. Contaba con muchas vértebras, dobladas ligeramente hacia la parte inferior, con las espinas formando la «pala» de la parte baja de la gigantesca aleta caudal. En cambio, la parte superior sería cartilaginosa.

Dentadura de Mosasaurus

Mosasaurus
Terror bajo el agua

DINODATOS
- **Vivió hace...** 100 a 66 millones de años en el periodo Cretácico.
- **Tamaño:** entre 10 y 18 m de longitud y 1,8 m de altura.
- **Peso:** 5 toneladas.
- **Dieta:** cualquier animal marino.
- **Significado del nombre:** lagarto del río Mosa.

▼ Algunas especies de *Mosasaurus* tenían el sistema del olfato muy desarrollado, y en general gozaban de una visión excepcional hasta para localizar las presas más escurridizas.

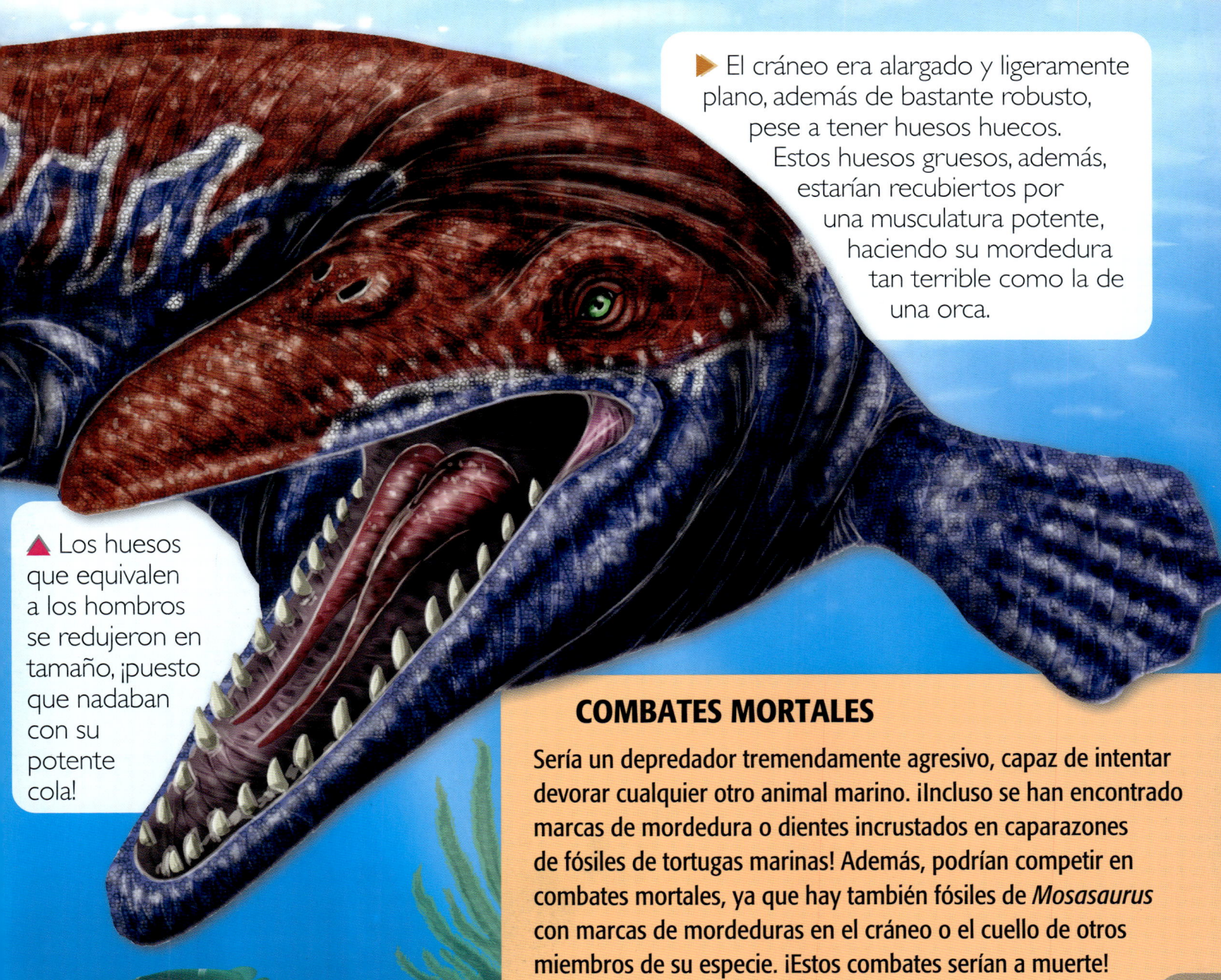

▶ El cráneo era alargado y ligeramente plano, además de bastante robusto, pese a tener huesos huecos. Estos huesos gruesos, además, estarían recubiertos por una musculatura potente, haciendo su mordedura tan terrible como la de una orca.

▲ Los huesos que equivalen a los hombros se redujeron en tamaño, ¡puesto que nadaban con su potente cola!

COMBATES MORTALES

Sería un depredador tremendamente agresivo, capaz de intentar devorar cualquier otro animal marino. ¡Incluso se han encontrado marcas de mordedura o dientes incrustados en caparazones de fósiles de tortugas marinas! Además, podrían competir en combates mortales, ya que hay también fósiles de *Mosasaurus* con marcas de mordeduras en el cráneo o el cuello de otros miembros de su especie. ¡Estos combates serían a muerte!

Este pequeño herbívoro y sus parientes más cercanos contaban con un cráneo extremadamente grueso, blindado y con pinchos, y se cree que lo utilizarían para combatir entre ellos o alejar a depredadores ¡a cabezazos!

DURO DE MOLLERA

Más que un cráneo, este dinosaurio parece que tuviese incorporado un casco de armadura sobre los hombros. Lo primero que llama la atención es la bóveda de hueso grueso sobre la parte superior. Además, tanto el *Pachycephalosaurus* como sus parientes tendrían una serie de osteodermos puntiagudos rodeando este domo de hueso que variaban entre especies.

¡Pero no acaba ahí! Al contrario que los huecos comunes entre los distintos huesos que tienen casi todos los dinosaurios, el *Pachycephalosaurus* tendría un hueso denso que unía la mandíbula con esta armadura. Las únicas aperturas serían las de los ojos o los orificios de la nariz.

Cráneo de *Pachycephalosaurus*

DINODATOS

- **Vivió hace…** 72 a 66 millones de años en el periodo Cretácico.
- **Tamaño:** 4,5 m de longitud y 1,8 m de altura.
- **Peso:** 370 kg.
- **Dieta:** plantas.
- **Significado del nombre:** lagarto de cabeza dura.

▶ Las patas traseras eran largas y con una musculatura robusta, lo que le permitiría lanzarse en carreras puntuales, para escapar del peligro. O para impulsarse en el combate.

Pachycephalosaurus
LUCHA A CABEZAZOS

A CABEZAZOS

Se han encontrado evidencias de lesiones en su cráneo por dar cabezazos, y tenía dirigidos los ojos hacia el frente, lo que le permitía ver y calcular distancias fácilmente. Seguramente lucharía igual que algunos tipos de ovejas o cabras modernas, entrechocando sus cabezas. Cuando el peligro u otro rival *Pachycephalosaurus* estuviesen cerca, lanzaría un cabezazo a distancia corta, posiblemente con el lateral de la cabeza, utilizando el impulso de sus patas traseras y dejando caer su peso para dar un topetazo.

▼ El cráneo estaba adornado y armado por púas, protuberancias ¡o incluso cuernos! rodeando la bóveda de hueso duro de su parte superior.

▶ Las patas delanteras eran algo cortas: no podría andar a dos patas.

▲ Su cabeza era corta y terminaba en un pequeño pico córneo, con una dentición en forma de pétalos o cuchara para cortar plantas, pero no para masticarlas.

Este ornitisquio con una gola y una «nariz» peculiar procede de la formación Horseshoe Canyon, Canadá, donde se han encontrado representantes fósiles de gran parte de los animales que habitaban en sus ecosistemas al final del Mesozoico.

NARIZ PECULIAR

El *Pachyrhinosaurus* es un pariente cercano del *Einiosaurus*, que tenía un cuerno nasal peculiar, ¡pero es que este es aún más raro!

En lugar de cuerno nasal o los cuernos sobre los ojos que solían tener estos ornitisquios, el *Pachyrhinosaurus* contaba con una masa de hueso que iba desde el pico hasta los ojos. Esta masa dura de hueso era irregular y dura, y cumpliría funciones similares a los cuernos nasales de otros parientes, tanto para la defensa como para el combate entre miembros de su especie.

▶ Su gola era relativamente corta para el tamaño de su cuerpo, y contaba con dos púas o protuberancias hacia la parte interior, así como otras dos dirigidas hacia los laterales, coronando la parte superior.

▶ Su pico era ligeramente distinto al de otros miembros de la familia, con la parte superior más ancha.

COPROLITOS

Los coprolitos son heces fosilizadas. Una caca de dinosaurio quizá no sea el descubrimiento fósil más glamuroso, pero puede revelarnos cuestiones interesantes sobre los animales prehistóricos, como qué tipo de alimentación llevaban: bajo el microscopio aparecen a menudo semillas, hojas, madera, conchas de moluscos, escamas de peces, huesos o dientes.

Coprolito

Pachyrhinosaurus
Nariz gigantesca

DINODATOS
- **Vivió hace…** 84 a 66 millones de años en el final del periodo Cretácico.
- **Tamaño:** 5 a 8 m de longitud y 2,5 m de altura.
- **Peso:** 4,4 toneladas.
- **Dieta:** plantas bajas e incluso duras.
- **Significado del nombre:** lagarto de nariz gruesa.

◀ A medida que el *Pachyrhinosaurus* crecía le iban apareciendo osteodermos puntiagudos, reforzando la parte superior de los ojos o el lateral.

▼ Sus dientes tenían forma de cuchara, apretados en filas, y les permitiría cortar vegetación dura o masticar un poco antes de tragarla.

▶ Formaba manadas con comunicación compleja usando la gola o la ornamentación del cráneo. Tendría una vida apacible y calmada, con el comportamiento posiblemente de una vaca actual.

◀ Sus patas eran robustas, al igual que las de muchos otros de sus parientes, y soportaban el peso de su cuerpo ancho, aunque no sería el más grande entre los ornitisquios. ¡Y por supuesto, le permitían embestir a cualquier amenaza contra el grupo!

Este reptil con alas alcanzaría unas proporciones gigantescas: ¡llegaba a tener la misma envergadura alar que una avioneta! De ahí su nombre basado en el imponente dios serpiente alado de los aztecas.

DINODATOS

- **Vivió hace…** 72 a 66 millones de años en el periodo Cretácico.
- **Tamaño:** 11 m de envergadura alar y 5 m de altura a cuatro patas.
- **Peso:** 200-250 kg.
- **Dieta:** animales más pequeños, ¡incluso crías de saurópodos!
- **Significado del nombre:** pariente de Quetzalcóatl.

▼ Su cuello era muy largo gracias a ocho vértebras larguísimas con la espina muy corta. Mientras que el cuello era rígido, su base era muy móvil, con vértebras mucho más cortas.

▲ Su cabeza era aerodinámica, pero no lo suficiente para zambullirse a por peces durante el vuelo, así que se ha descartado que fuera pescador o no al menos de esa manera.

▼ Al erguirse sobre esas cuatro patas tan largas y ese gigantesco cuello, ¡era tan alto como una jirafa!

GIGANTE EN LOS CIELOS

Es uno de los mayores reptiles alados encontrados. Para poder poner en vuelo ese cuerpo de varios metros, sus huesos serían huecos y extremadamente gráciles, ¡pero no por ello menos resistentes, ya que sería un depredador activo!

Sus alas eran tres veces más largas que su cuerpo sin contar con el cuello, largo y rígido, y sosteniendo una cabeza larga con un pico afilado. El cráneo y el cuello eran casi tan largos como su ala.

Quetzalcoatlus
ALA GIGANTE

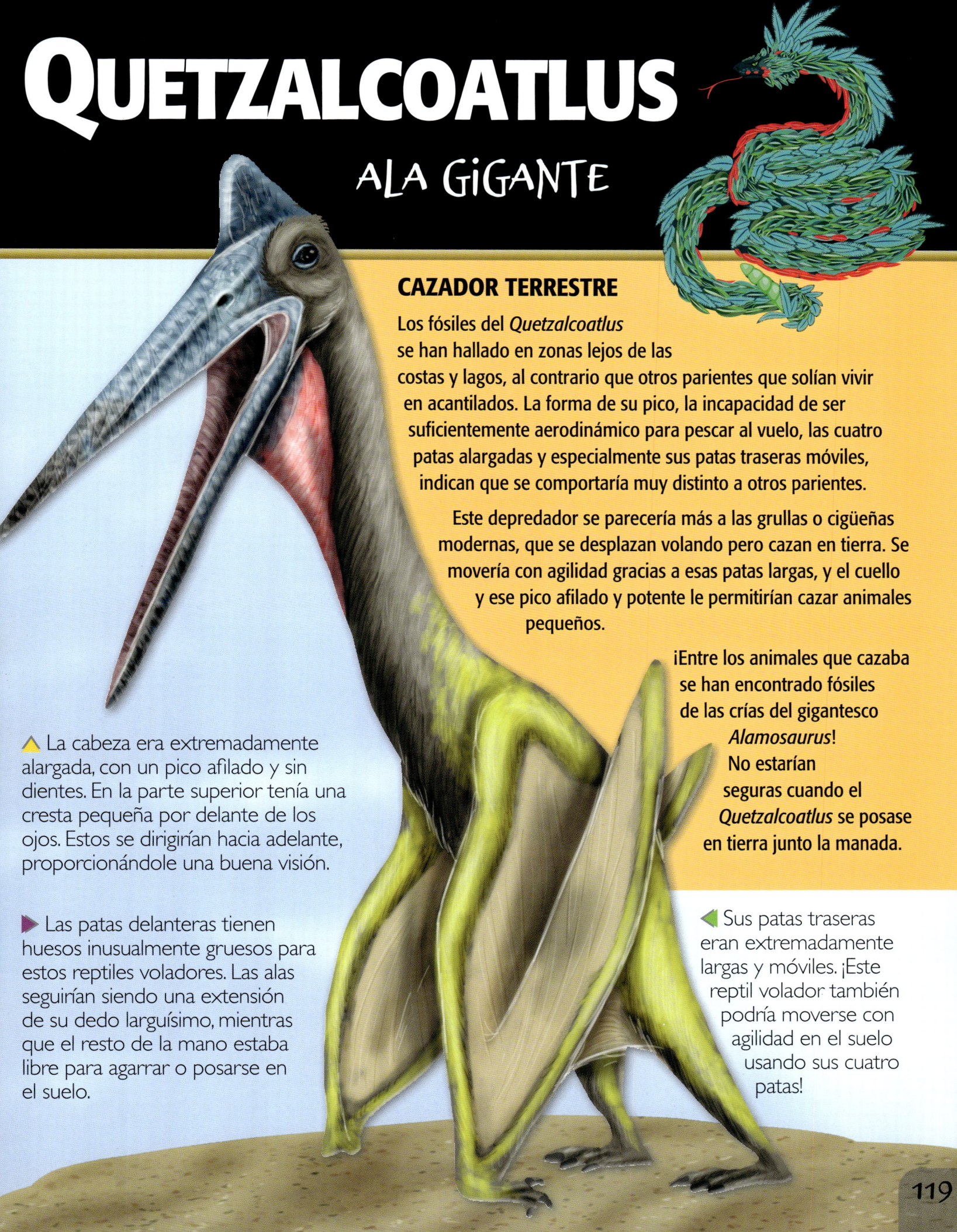

CAZADOR TERRESTRE

Los fósiles del *Quetzalcoatlus* se han hallado en zonas lejos de las costas y lagos, al contrario que otros parientes que solían vivir en acantilados. La forma de su pico, la incapacidad de ser suficientemente aerodinámico para pescar al vuelo, las cuatro patas alargadas y especialmente sus patas traseras móviles, indican que se comportaría muy distinto a otros parientes.

Este depredador se parecería más a las grullas o cigüeñas modernas, que se desplazan volando pero cazan en tierra. Se movería con agilidad gracias a esas patas largas, y el cuello y ese pico afilado y potente le permitirían cazar animales pequeños.

¡Entre los animales que cazaba se han encontrado fósiles de las crías del gigantesco *Alamosaurus*! No estarían seguras cuando el *Quetzalcoatlus* se posase en tierra junto la manada.

▲ La cabeza era extremadamente alargada, con un pico afilado y sin dientes. En la parte superior tenía una cresta pequeña por delante de los ojos. Estos se dirigirían hacia adelante, proporcionándole una buena visión.

▶ Las patas delanteras tienen huesos inusualmente gruesos para estos reptiles voladores. Las alas seguirían siendo una extensión de su dedo larguísimo, mientras que el resto de la mano estaba libre para agarrar o posarse en el suelo.

◀ Sus patas traseras eran extremadamente largas y móviles. ¡Este reptil volador también podría moverse con agilidad en el suelo usando sus cuatro patas!

Un gigantesco dinosaurio cercano al Tiranosaurio proveniente de Mongolia. Se han encontrado más de una docena de fósiles casi completos que han permitido estudiar a este terrible depredador en profundidad.

DINODATOS

- **Vivió hace…** 84 a 66 millones de años en el periodo Cretácico.
- **Tamaño:** 12 m de longitud y 4 m de altura.
- **Peso:** 2,3 toneladas.
- **Dieta:** otros dinosaurios, ¡incluyendo de su mismo tamaño o mayores!
- **Significado del nombre:** lagarto amenazante.

SAQUEO DE FÓSILES

Por desgracia, este gigantesco y terrorífico depredador es un dinosaurio codiciado. Cazadores furtivos y excavadores aficionados han destruido en el pasado huesos o restos de impresiones de su piel fosilizada por intentar desenterrarlo. Incluso se ha conseguido rescatar ¡un esqueleto entero que se estaba vendiendo ilegalmente!

Los fósiles siempre es mejor que los excaven paleontólogos especialistas y se depositen en un museo, accesibles para el público y los científicos.

IMITANDO AL REY

El parecido entre el Tiranosaurio y *Tarbosaurus* ha sido un quebradero de cabeza para los científicos. ¿Son una misma especie que existiría en los ecosistemas de sitios tan lejanos durante el Cretácico? Ambos son inmensos depredadores armados con un gigantesco cráneo musculoso repleto de dientes capaces de desgarrar y aplastar. El *Tarbosaurus* solo presenta diferencias pequeñas y es de un tamaño ligeramente menor al del gigantesco Tiranosaurio.

Tiranosaurio — *Tarbosaurus*

Tarbosaurus
Depredador terrorífico

▶ La cabeza era gigantesca, algo más corta y alta que en otros terópodos, lo que permitiría tener una musculatura potente con la que triturar completamente los huesos de su presa al cazar. Además, puede que tuviese un cráneo más rígido que el Tiranosaurio para especializarse en cazar los grandes saurópodos que vivían en Asia, al contrario que su pariente de Norteamérica.

▶ Algunos *Tarbosaurus* jóvenes muestran un cráneo más alargado sin la capacidad de su potente mordedura, que irían ganando al crecer y tener el tamaño casi de un adulto. Estas mandíbulas poderosas estaban repletas de dientes curvos, afilados como cuchillos.

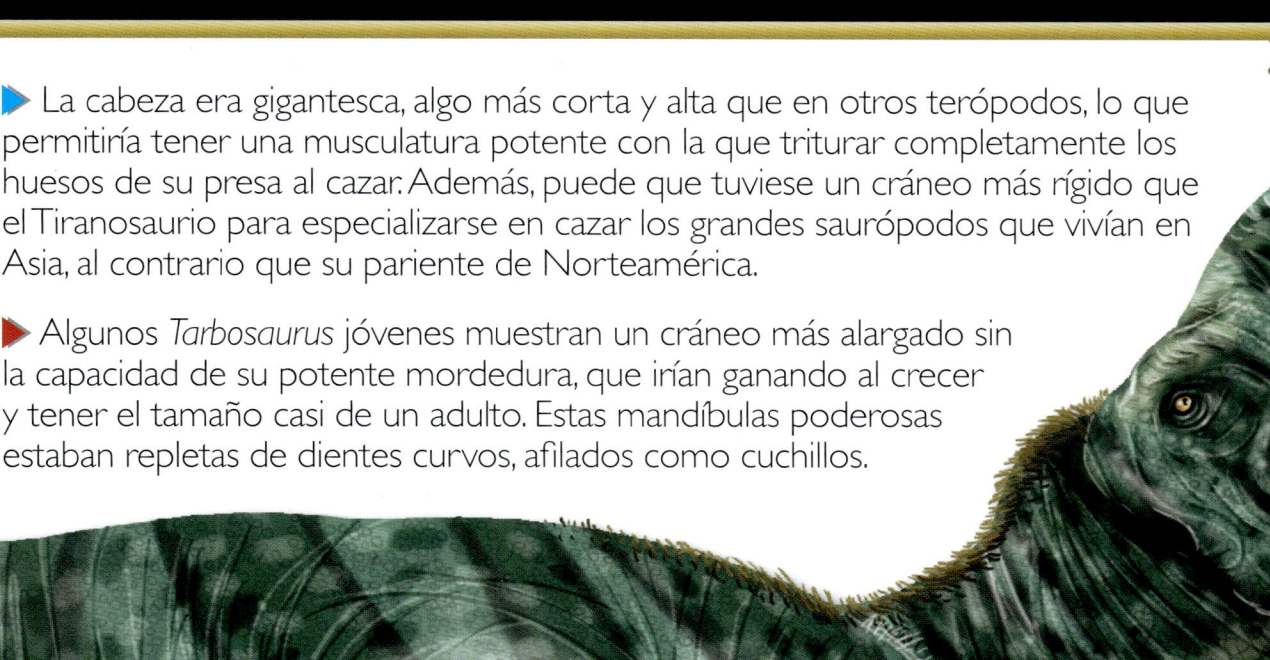

▲ Al igual que otros parientes, su técnica de caza sería la de sorprender y acabar con la presa de una sola mordedura, puesto que sus patas delanteras están muy reducidas, con dos dedos cortos que no le servirían para sujetar a su presa.

▶ Para poder cazar corriendo y lanzar esa feroz dentellada, el *Tarbosaurus* contaba con una cadera y unas patas traseras extremadamente musculosas. No podría mantener la carrera durante mucho tiempo, ¡pero podría alcanzar casi 70 km/h en un momento!

He aquí al rey de los dinosaurios, quizá el más conocido de todos los superdepredadores que han poblado la Tierra: el ser más feroz, violento y despiadado que ha existido.

DINODATOS

- **Vivió…** a finales del período Cretácico, hace entre 68 y 66 millones de años.
- **Tamaño:** 13 de largo y 6 m de alto.
- **Peso:** 6 a 10 toneladas.
- **Dieta:** reptiles, otros dinosaurios y carroña.
- **Significado del nombre:** lagarto tirano.

Tiranosaurio

Gorila

TÉCNICA DE CAZA

▲ La cola del Tiranosaurio era larga y muy pesada: le servía para mantener el equilibrio.

Esperaba escondido entre la vegetación y sorprendía a su presa embistiéndola a gran velocidad. Si el golpe no la mataba, le mordía en el cuello hasta que acababa con ella.

◀ Con sus robustas patas traseras podía alcanzar la increíble velocidad, para su gran tamaño, de ¡60 km/h!... pero solo durante un rato.

Tiranosaurio
Diseñado para matar

▶ La cabeza del Tiranosaurio medía más de un metro, pero su cerebro era pequeño: aproximadamente como el de un gorila.

▲ ¡Dentro de su boca cabía un niño tumbado!

▲ El cuello del Tiranosaurio era corto y musculoso para poder soportar su masiva cabeza.

◀ Las patas delanteras eran muy pequeñas, tenían dos dedos y solo le servían para ponerse de pie.

▲ Tenía un cuerpo tan grande que muchos de sus huesos eran huecos, para aligerar su peso sin reducir su fortaleza.

TERRORÍFICO

Tenía 60 dientes afiladísimos que podían medir hasta ¡18 cm! (¡casi como la mano de un adulto!). Cuando atrapaba a una presa esta nunca podía escapar, pues los dientes se curvaban hacia dentro dejándola atrapada. Si se le caía o rompía algún diente, volvía a crecerle otro. Sin embargo, no siempre era tan peligroso: a veces comía plácidamente la carne muerta que se encontraba.

Uno de los mayores dinosaurios ornitisquios con un «escudo» en la cabeza sería el *Torosaurus*. Este grandullón era mayor que los *Triceratops* adultos. Su característica más reconocible sería una gola gigantesca en proporción al resto de su cuerpo.

▶ Como ocurre con los ciervos o alces, los cuernos posteriores podían curvarse ligeramente hacia adelante o estar completamente rectos. Pero ¡a todos les serviría para lanzar una potente cornada!

GOLA GIGANTESCA

En la parte posterior de la cabeza se extiende una gola de grandes proporciones que llegaría a tapar toda la parte superior del cuello, ya que además no está dirigida completamente en vertical como sí ocurre con el *Pentaceratops*, otros de los pocos parientes con una gola tan desproporcionadamente grande.

En cambio, este «escudo» no tendría púas en el borde, sino que sería relativamente liso. Además, confirmando la hipótesis de que no le servía principalmente de defensa, sino para exhibirse, presenta dos huecos en el centro. Estos estarían recubiertos por tejido blando que no ha fosilizado, como piel, donde llegaría la sangre y podría utilizar la gola tanto para regular su temperatura, como para cambiar ligeramente el color para exhibirse.

▶ Como otros dinosaurios con gola y cuernos, las patas eran robustas y le servían para lanzarse a la carga contra cualquier amenaza o para impulsar su cuerpo.

TOROSAURUS
ESCUDO INMENSO

DINODATOS
- **Vivió hace…** 72 a 66 millones de años al final del periodo Cretácico.
- **Tamaño:** 8 a 9 m de longitud y 2,4 m de altura.
- **Peso:** 6 a 9,5 toneladas.
- **Dieta:** plantas bajas, cortezas o raíces.
- **Significado del nombre:** lagarto perforado.

▼ Su gola era alargada, especialmente entre los ejemplares más viejos hallados. Tenía dos púas cerca de las mandíbulas, pero el resto del borde era liso.

▼ El cuerno nasal del *Torosaurus* era algo más corto y robusto, aunque seguramente estuviese recubierto por material queratinoso y fuese afilado.

◄ Tenía el típico pico de loro, con las filas apretadas de dientes en forma de pétalo, capaces de masticar plantas duras.

¿ESE ES TU ABUELO?

Uno de los puzles que se resolvieron hace poco en la paleontología de los dinosaurios con gola fue diferenciar *Triceratops* de *Torosaurus*. Se sabe que durante el crecimiento de *Triceratops*, la gola se iba alargando y agrandando. Por eso se pensó que los ejemplares encontrados de *Torosaurus*, que son todos adultos y «ancianos», pudieran ser en realidad *Triceratops* ancianos y no una especie distinta.

Los paleontólogos más expertos en esta familia tuvieron que trabajar duro para al final concluir que sí son diferentes especies, ¡pero muy parecidas! ¡Con tanta variedad de formas en el escudo y los cuernos a veces es bastante difícil saber cuál es de cada especie!

Este herbívoro no tenía que temer a los gigantescos terópodos que acechaban los bosques del Cretácico. Su cabeza estaba coronada por un grueso escudo y unos cuernos gigantescos y afilados que utilizaría tanto para defenderse como para exhibirse.

TRES GRANDES CUERNOS

Este inmenso herbívoro poseía una cabeza gigantesca coronada por un «escudo» grueso o gola en su parte posterior, dos grandes cuernos por encima de sus ojos y otro afilado como el de un rinoceronte sobre sus fosas nasales, y el pico al final de su boca.

Enfrentarse a este herbívoro sería todo un reto, porque una carga de este gigantesco animal podría ser el final de cualquier terópodo, ¡incluso de un Tiranosaurio!

▶ Su cuerpo recuerda a un rinoceronte… ¡pero realmente sería tan grande como dos o tres juntos!

PRIMER DINOSAURIO VIRTUAL

El *Triceratops* conocido como «Hatcher» fue el primer fósil de dinosaurio del que se digitalizaron en 3D sus huesos en 1999. Esto permitió su montaje por ordenador, ampliar los estudios científicos con el uso de nuevas tecnologías e incluso su exhibición digital como el primer dinosaurio virtual.

▶ Sus cuatro patas son especialmente robustas, tanto para soportar el tamaño y peso de su cabeza, como para poder desplazarse y cargar con facilidad, especialmente con esas patas anteriores, gruesas y musculosas.

TRICERATOPS
OPONENTE TERRIBLE

DINODATOS

- **Vivió hace…** a finales del período Cretácico, hace entre 68 y 66 millones de años.
- **Tamaño:** 8 m de longitud y 3 m de altura.
- **Peso:** 6 a 9,2 toneladas.
- **Dieta:** vegetación a ras de suelo, material fibroso de la corteza de los árboles.
- **Significado del nombre:** dinosaurio de tres cuernos en la cara.

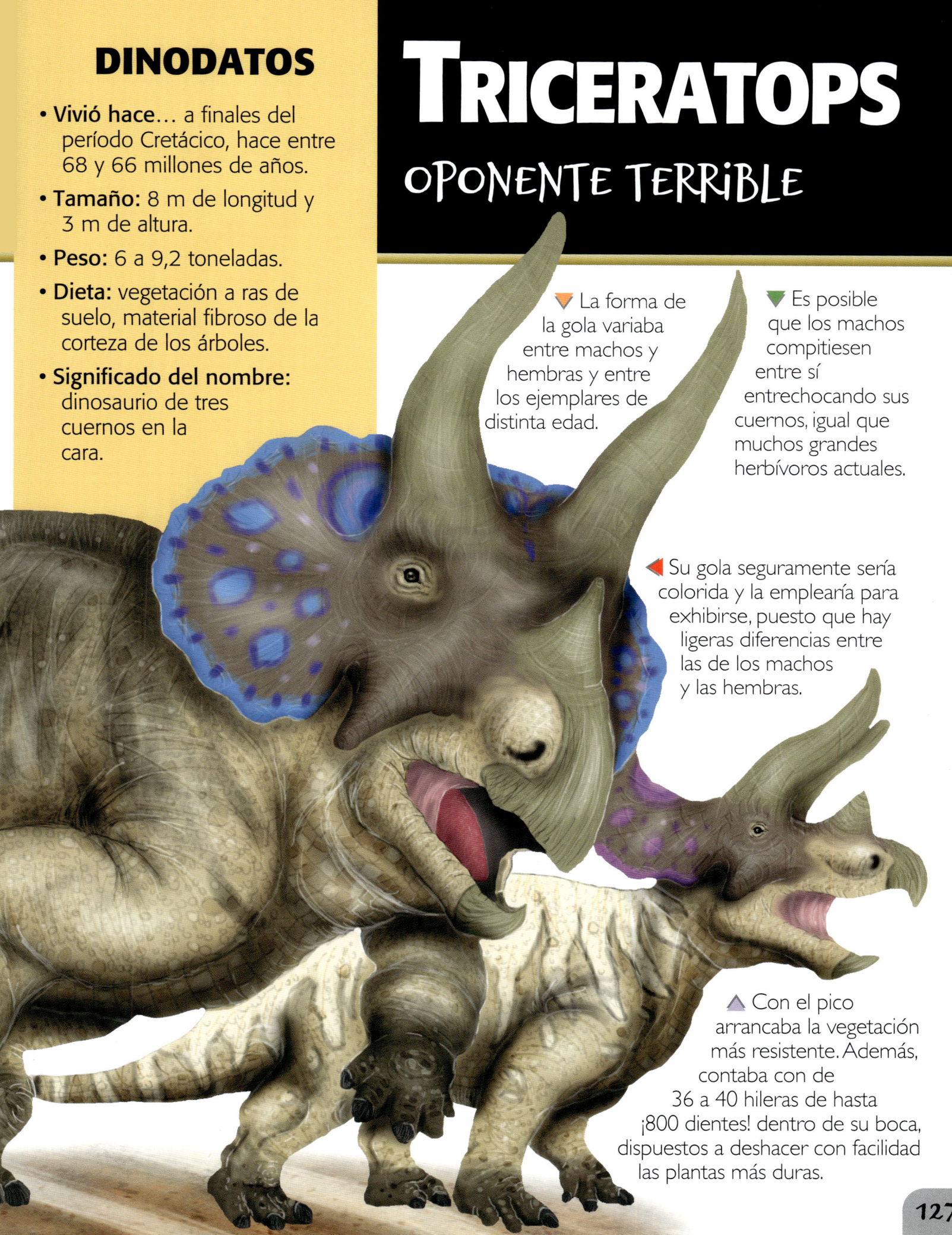

▼ La forma de la gola variaba entre machos y hembras y entre los ejemplares de distinta edad.

▼ Es posible que los machos compitiesen entre sí entrechocando sus cuernos, igual que muchos grandes herbívoros actuales.

◀ Su gola seguramente sería colorida y la emplearía para exhibirse, puesto que hay ligeras diferencias entre las de los machos y las hembras.

▲ Con el pico arrancaba la vegetación más resistente. Además, contaba con de 36 a 40 hileras de hasta ¡800 dientes! dentro de su boca, dispuestos a deshacer con facilidad las plantas más duras.

ÍNDICE

Albertaceratops	80
Allosaurus	22
Ampelosaurus	82
Anhanguera	54
Ankylosaurus	102
Antarctosaurus	84
Apatosaurus	24
Archaeopteryx	26
Brachiosaurus	28
Camarasaurus	30
Carnotaurus	104
Caudipteryx	48
Centrosaurus	86
Ceratosaurus	32
Citipati	76
Coelophysis	10
Compsognathus	34
Cryolophosaurus	14
Deinonychus	60
Diamantinasaurus	72
Dilong	50
Dilophosaurus	16
Dimorphodon	18
Diplodocus	36
Edmontosaurus	106
Einiosaurus	78
Elasmosaurus	88
Euoplocephalus	98
Giganotosaurus	68
Gigantoraptor	90
Hypsilophodon	62
Ichthyovenator	52
Iguanodon	56
Majungasaurus	108
Mononykus	110
Mosasaurus	112
Ornitholestes	38
Pachycephalosaurus	114
Pachyrhinosaurus	116
Parasaurolophus	92
Pelecanimimus	44
Peteinosaurus	8
Plateosaurus	12
Pliosaurus	40
Psittacosaurus	58
Pteranodon	94
Pterodactylus	20
Quetzalcoatlus	118
Sauropelta	64
Spinosaurus	70
Stegosaurus	42
Styracosaurus	96
Suchomimus	66
Talarurus	74
Tarbosaurus	120
Tiranosaurio	122
Torosaurus	124
Triceratops	126
Utahraptor	46
Velociraptor	100